김중근의 1분 차트

김중근의 **1분 차트**

초판 1쇄 발행   2020년 11월 20일
초판 4쇄 발행   2021년 04월 10일

지은이 | 김중근
발행인 | 홍경숙
발행처 | 위너스북

경영총괄 | 안경찬
기획편집 | 안미성, 박혜민

출판등록 | 2008년 5월 2일 제2008-000221호
주소 | 서울 마포구 토정로 222, 201호(한국출판콘텐츠센터)
주문전화 | 02-325-8901
팩스 | 02-325-8902

디자인 | 김종민
지업사 | 월드페이퍼
인쇄 | 영신문화사

ISBN   979-11-89352-32-5   (13320)

김중근 지음

김중근의 1분 차트

세상에서 가장 쉬운 차트 공부

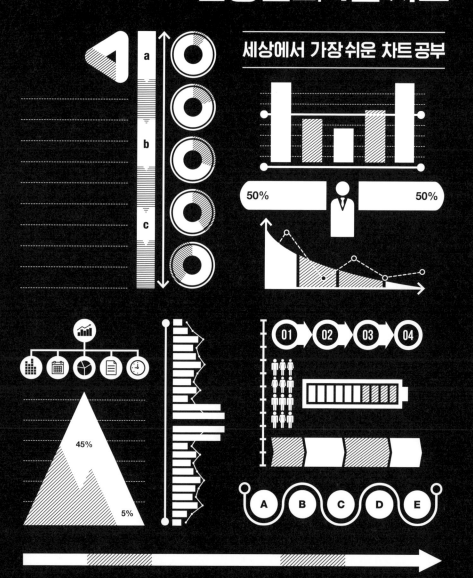

Winner's Secret Library · 위너스북
WINNER'S BOOK

주식에 관한 책을 여러 권 썼고, 여기저기로 투자하는 법 등을 강의하러 다니지만, 사실 나는 증권회사 경력이 전혀 없다. 은행원 출신이다. 그리고 은행에 입사해서 그만둘 때까지 줄곧 외환 딜러로만 일했다. 하루 종일 달러, 엔, 유로, 스위스 프랑 등 외국통화를 사고 팔면서 수익을 내려는 직업이 바로 외환 딜러이다. 지금은 환율의 움직임이 시중의 관심사가 되어 외환 딜러라는 일이 꽤 알려졌으나, 내가 은행에 갓 입행하였던 그때만 하더라도 일반인들에게는 생소한 직업이었다. 나는 학창시절 교수님으로부터 외환 딜러 이야기를 듣고는 일찌감치 그 일을 하고 싶었고, 그래서 선택한 직장이 외국의 투자은행이었다. 덕택에 외환 딜러의 길을 걸을 수 있었다.

그런데, 지금에야 웃으면서 이야기하지만 옛날을 생각하면 낯부끄러운 일이 많다. 당시 서울은 국제금융시장의 중심에서 한참이나 벗어난 변두리였다. 모든 정보에 어두웠고, 뉴스 등이 늦게 도착할 수밖에 없었다. 그러다보니 내내 헛손질이었고, 실패의 연속이었다.

이런 식이었다. 어느 날 딜링 룸에 앉아 환율이 고시되는 외환 모니터(예컨 대 톰슨 로이터나 블룸버그 등)을 쳐다보고 있는데 달러/엔 환율이 마구 추락하는 것이 아닌가! 뭔 사건 터졌나? 서울에서는 대체 연유를 알 수가 없으니, 얼른 도쿄의 친구 외환 딜러에게 국제전화를 건다. "하이, 사토 상. 달러/엔 이거 왜 이래? 무엇 때문에 밀리는 거야?" 친구 사토는 일본은행의 금리정책이 어떻 고, 일본 재무성 관료의 발언이 어쩌네 하며 열심히 정보를 전해준다.

내가 다시 묻는다. "고마워. 잘 알았어. 그렇다면 달러/엔 앞으로 어떻게 될 것 같아? 사토 상 생각은 어때?" 사토는 현재 일본은행이 엔화 금리를 올릴 예 정이니 달러/엔 환율은 더 내려갈 것 같다고 조언한다. "ありがとうございま す!" 얼른 전화를 끊고, 나는 달러를 양껏 팔아치운다. 사토가 주장하기로 앞으 로 달러/엔 환율이 더 하락한다고 하지 않았던가! 하지만 아뿔사! 내가 달러를 팔자말자 기다렸다는 듯 환율은 냅다 치솟기 시작한다. 속된 말로 '맨 땅에 헤 딩'한 셈. 달러를 정확히 바닥에 팔아치운 결과가 되었으니… 아이고!

이런 경우도 있다. 외환 모니터를 보는데, 유로/달러 환율이 슬금슬금 오르 더니 급기야 하늘로 날아가는 게다. 이거 왜 이래? 이유를 모르니 답답하다. 또 전화할 수밖에 없다. 이번에는 프랑크푸르트이다. "Guten Morgen, Hans. What happened in Euro?" 전화를 받은 친구 한스는 독일의 국제수지가 어 떻고 분데스방크(독일의 중앙은행)의 개입이 어쩌네 등으로 유로/달러의 상승

이유를 내게 열심히 설명한다.

내가 또 묻는다. "앞으로 유로/달러 어떻게 될 것으로 전망해? What do you think?" 내 질문에 한스는 독일의 경기회복 추세를 감안하면 유로화는 앞으로 더 오를 것 같다고 조언해준다. "고마워. Thank you so much." 전화를 얼른 끊은 나는 유로를 재빨리 사들인다. 한스가 유로/달러는 한참 더 상승할 거라고 말하지 않았던가! 하지만 이런 제기랄! 내가 유로를 사자말자 기다렸다는 듯 유로는 후다닥 아래로 처박히기 시작한다. 또 한 번의 참담한 실패! 이번에는 '상투를 잡은' 꼴이 되었다. 하필이면 내가 산 유로/달러의 환율이 정확히 꼭지가 되었으니… 아! 미치겠다.

국제금융시장의 변두리 서울 외환시장에서는 정보가 늦을 수밖에 없으므로 도무지 외환거래 자체가 불가능했다. 해외의 국제금융시장 중심지에서 일하는 딜러들과는 경쟁조차 될 수 없었다. 실의에 빠져있던 차 '기술적 분석'이라는 방법을 만났다. 우연히 참석한 세미나에서 기술적 분석으로 환율을 예측하는 법을 배웠는데, 그게 참 괜찮았다. 환율의 움직임을 그림으로 나타내어 앞날을 알아낸다는 것인데, 이건 해볼만 하다는 생각이 들었다. 어차피 환율의 움직임을 그림으로 나타내는 일은 누구에게나 다 똑같기 때문이다. 도쿄, 런던, 뉴욕을 막론하고 모든 외환 딜러들은 죄다 동일한 차트를 본다. 정보를 빨리 얻고 늦게 얻고의 문제가 아니다. 같은 차트를 누가 어떻게 잘 해석하느냐에 따라 성패가 결정된다. 국제금융시장의 변두리라도 전혀 핸디캡이 아니다. 공평하다. 이거라면 한번 열심히 할 가치가 있지 않은가!

그 생각으로 책을 잔뜩 사 모았고, 기술적 분석 세미나에 부지런히 쫓아 다녔으며 치열하게 공부했다. 기술적 분석을 무기로 하여 외환을 매매하였고, 은행을 그만둔 다음에 개인적으로 주식이며 선물, 옵션 등을 거래하면서 역시 기술적 분석을 사용하였다. 결과는? 성공적이다!

바로 그 이야기이다. 이 책을 집어든 독자라면 물론 오랜 투자경험을 자랑하고 나름대로의 투자기법을 정리한 사람도 있을 터. 하지만 대부분은 이제 주식투자를 처음 시작하였거나, 진즉에 투자는 하였으되 마구잡이로 매매하였거나, 혹은 뒤늦게나마 자신만의 방법을 정립하려는 사람이리라 생각된다. 그들에게 내 경험을 전해주고 싶은 것이다. 그래도 나는 여러분들보다는 꽤 일찌감치 '트레이딩'이라는 것을 하지 않았는가!

그런데 왜 '1분 차트'인가? 이유는 그만큼 짧은 시간에 차트의 개념을 이해하고 누구든지 실전매매를 쉽게 따라할 수 있도록 설명해주기 때문이다. 또한 이해뿐만 아니라 복습을 함으로써 오래 기억에 남을 수 있도록 챕터마다 '1분 질문'으로 질문과 답이 구성되어 있다. 1분이라는 시간이 짧다면 짧다고도 할 수 있지만 길면 길다고도 할 수 있는 시간이다. 매일 조금씩 꾸준히 시간과 노력을 투자한다면, 늘 고만고만한 입문서만 찾아다니는 주린이 신세를 벗어날 수 있을 것이다.

서울이 국제금융시장의 변두리였듯, 대부분의 일반 투자자들은 개별 기업의 깊숙한 내부 정보에 어둡다. M&A를 노리는지, 신기술을 개발하는지 밖에서는 도무지 알 수 없는 노릇. 물론 어쩌다 지인이나 증권사 직원으로부터 "너만 알고 있어"라는 속삭임을 듣지만, 사실 나에게까지 그 정보가 전해졌다면 이미 세상 모든 사람들이 다 알고 있다는 것과 매한가지이다. 그걸 믿고 매매하면 '상투'이거나 '맨땅'인 것은 당연한 귀결이다.

그러므로 기술적 분석인 것이다. 기술적 분석은 누구에게나 공평하다. 정보? 몰라도 된다. 기술적 분석의 기본 원리는 "모든 정보가 주가에 다 반영되므로, 주가 그 자체만을 연구한다면 앞날을 예측할 수 있다"는 것. 차트만 잘 분석하여도 승산이 있다. 이건 해볼 만하지 않겠는가? 예전의 나처럼 이 글을 읽는 독자 역시 정보가 늦고 깜깜하여 답답함을 느낀다면 기술적 분석은 좋은 무기가 되리라 확신한다.

기술적 분석은 시장에 이미 공개되어 있는, 주가의 움직임을 연구한다. 추세를 살피기도 하고, 특성을 따져보기도 하며, 혹은 시장구조이론이라고 하여 일목균형표 등의 기법을 활용하기도 한다. 방법이 어떻든 결론은 똑같다. 과거의 주가 움직임을 잘 살피면 그 안에 미래가 있다. 혹자는 과거의 주가를 보고 어떻게 미래를 아느냐고 말할지 모른다. 하지만 예를 들어 사람들이 아침마다 듣고, 그 말에 따라 우산을 챙기기도 하는 일기예보 역시 과거의 데이터를 바탕으로 한 것이다. 도대체 우리에게 과거의 정보 아니고서 미래를 알아낼 데이터란 게 과연 있기나 하단 말인가! 다시 강조하지만, 과거를 살피면 반드시 미래가 보인다. 틀림없다.

원고를 쓰면서 고마움을 전할 분들이 참 많다. 무엇보다 먼저 내 유튜브 채널에서 열정적으로 참여해준, 그래서 필자에게 많은 영감을 준 구독자들에게 감사의 인사를 먼저 전한다. 또한 게으르기 짝이 없는 필자를 강권하여 마침내 이 한 권의 책을 만들어낸 위너스북의 안미성 팀장에게도 고맙다는 말을 하지 않을 수 없다. 그리고 멋진 아이디어로 책에 실린 삽화를 여러 점 그려준 차정민 양에게도 감사한다. 덕분에 책이 정말 예쁘고 읽기 편하게 되었다. 또한, 이 책에 사용된 차트는 모두 국내 독보적인 금융, 외환, 증권 전문 매체인 연합인포맥스의 차트이다. 차트 사용을 허락해준 연합인포맥스 측에 감사드린다. 책을 쓴다는 핑계로 나는 그를 잘 도와주지도 못했지만 그럼에도 변함없이 필자를 지원해준 아내 미선에게 사랑과 감사의 말을 전하는 것은 당연한 일이다. 그의 도움이 없었다면 이 책은 빛을 보지 못하였을 것이다. 그러나 아무래도 가장 큰 감사의 인사는 필자를 낳아주시고 길러주신 부모님에게 전해져야 한다. 그들이 없었다면 지금의 나는 애당초 존재할 수 없었다. 아버님, 어머님. 사랑합니다. 감사합니다.

2020년 11월

프롤로그 4

1장

**차트 첫 걸음!
기술적 분석
이해하기**

재미있는 이야기 #1 — 히말라야의 도사   17

차트는 왜 그리나?   21

기본적 분석이 좋을까? 기술적 분석이 좋을까?   26

기술적 분석의 여러 유형   32
- 패턴 분석법
- 추세 분석법
- 시장특성 분석법
- 시장구조이론

추세선 분석을 이용한 실전매매   40
- 상승세, 하락세, 보합세
- 상승추세선과 하락추세선
- 추세선을 그리는 목적

지지선과 저항선을 이용한 실전매매   46
- 지지선과 저항선의 역전

실전매매 노하우 잠깐 1분 차트는 만병통치약이 아니다   53

2장

**차트의 기본,
봉차트**

재미있는 이야기 #2 — 운 나쁜 외계인   61

봉차트 그리는 법   64
- 분봉과 일봉, 그리고 주봉과 월봉
- 봉차트 그리는 법
- 양봉과 음봉

봉차트의 종류와 의미   71
- 몸통과 꼬리가 모두 있는 봉

- 몸통만 있고 꼬리가 없는 봉
- 몸통이 없고 꼬리만 있는 봉
- 몸통도 없고 꼬리도 없는 봉

봉차트에 담긴 비밀 ·· 75
- 봉의 색깔이 담고 있는 의미
- 몸통의 길이가 담고 있는 의미
- 꼬리의 길이와 방향성

봉차트 패턴에 주가의 앞날이 있다 ····················· 83
- 반전형 패턴
- 샛별형 패턴
- 우산형 패턴
- 장악형 패턴
- 지속형 패턴
- 적삼병
- 흑삼병

봉차트의 함정 - 갭 ···································· 94
- 갭을 활용한 매매

실전매매 노하우 **잠깐 1분** 주봉과 월봉에서 흐름을 읽어라 ·········· 100

3장

주가의 방향을 결정하는 이동평균선

재미있는 이야기 #3 — 지옥에서 석유가 발견되었다! 109

이동평균선은 무엇인가? ······························ 113

이동평균을 산출해보자 ······························ 118
- 단순이동평균
- 선형가중이동평균
- 지수평활법
- 거래량 이동평균

시장의 심리, 5일 이동평균선 ······················· 127
- 5일 이동평균선을 이용한 실전매매

추세의 생명줄, 20일 이동평균선 ········· 133
- 심리선, 추세선, 수급선, 경기선

이동평균선으로 매수 · 매도 실전매매 ········· 139
- 정배열과 역배열
- 골든크로스와 데드크로스
- 이동평균선의 지지와 저항

실전매매 노하우 🕐 이동평균선의 예상 진로를 계산하라 ····· 148

4장

과학적인 보조지표

재미있는 이야기 #4 ─ 몬티 홀 딜레마　157

주식시장의 속도계, RSI　162
- RSI 산출하는 법
- RSI를 이용한 실전매매전략

95%의 통계적 확률, 볼린저 밴드　169
- 볼린저 밴드를 이용한 실전매매전략
- 볼린저 밴드의 폭이 좁아지면 주의해야

회자정리(會者定離), MACD ········· 176
- MACD는 어떻게 만드는가?
- MACD를 이용한 실전매매전략

이름과 달리 어렵지 않은, 스토캐스틱 ········· 181
- 스토캐스틱은 어떻게 산출하는가?
- 스토캐스틱을 이용한 실전매매전략
- 완만한 스토캐스틱

주가는 거래량의 그림자, OBV ········· 189
- 주가와 거래량의 관계
- OBV가 무엇인가?
- OBV로 주가의 고점과 저점 예측하는 요령

실전매매 노하우 🕐 조강지처의 말을 따르라 ········· 197

5장

**시장의 균형을
한눈에,
일목균형표**

재미있는 이야기 #5 — 녹색 목욕가운을 입은 사내 203

일목균형표의 기본 207
- 일목균형표란 무엇인가?

일목균형표의 괘선 212
- 괘선을 만드는 법

전환선과 기준선 218
- 기준선의 역할
- 전환선의 역할
- 기준선과 전환선의 교차를 이용한 실전매매

선행스팬과 구름 225
- 선행스팬의 의미
- 구름의 기능

후행스팬의 위력 233
- 후행스팬의 기능

일목균형표 실전매매 종합 237
- 괘선으로 파악하는 추세진행의 단계
- 매수 타이밍 설정하기
- 매도 타이밍 설정하기
- 구름이 얇은 종목에 주목하라

부록

**초보 탈출!
실전매매 노하우**

종목 선정의 기본원칙 253

기술적 분석으로 급등주를 찾는 비법 259

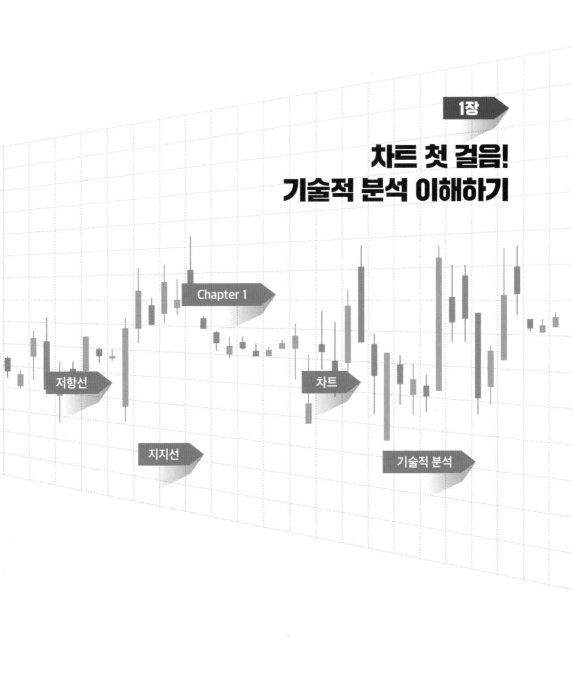

1장

차트 첫 걸음!
기술적 분석 이해하기

Chapter 1

저항선

지지선

차트

기술적 분석

거듭되는 실패에도 불구하고 마침내 성공하겠다는 일념으로 똘똘 뭉친,
주식투자자의 이야기로 시작하자(어쩌면 당신의 이야기일지 모른다!).

················

이 사내는 정말 운이 없었다. 투자하는 주식마다 어김없이 폭락하여 큰 손해를
입어야 했는데, 견디다 못해 팔고나면 언제 내렸느냐는 듯 폭등하여 그의 부아
를 돋우기 일쑤였다. 하지만 그는 포기하지 않고 세상의 모든 예측기법을 동원
하였다. 그는 과거 20년 동안의 주가 움직임을 꼼꼼하게 분석하여 그 안에서
무언가 규칙을 발견하려 노력하였다. 엄청난 시간과 노력을 쏟아 부은 끝에,
마침내 '매달 첫 번째 그믐달이 뜨는 날 개장가로 매수하였다가, 세 번째 목요
일 마감가로 매도하면' 과거 30년 동안 수익률이 가장 높았다는 사실을 발견

하였다. 그는 성공의 열쇠를 쥐었다고 확신하여 전 재산을 털어 넣었지만, 과거에 그렇게나 잘 맞던 법칙이 그가 투자하기만 하면 영락없이 실패작으로 드러나는 것이었다.

그는 포기하지 않았다. 이번에는 범위를 넓혀 과거 40년 동안의 주가차트를 뒤져 패턴을 철저하게 연구하였다. 얼마나 패턴을 열심히 분석하였는지, 척 보기만 하여도 그게 샛별형인지 이중천정형인지 금세 판별할 수 있었다. 심지어 알려지지 않았던 '곰발바닥 패턴'이나 '도미 지느러미 모양' 등도 새롭게 발견하였다. 하지만 정작 그가 이런 지식을 무기삼아 실전 투자에 뛰어들었을 때는 사정이 달랐다. 그가 상승을 확신하고 매수한 '이중바닥형'은 하락추세가 잠시 쉬었다가 폭락하는 형태였고, 하락을 예상하였던 '먹구름 패턴'은 곧장 폭등하는 꼴로 밝혀졌다. 또 한 번의 참담한 실패였다.

그는 포기하지 않았다. 동서양의 온갖 주가예측이론을 섭렵하였다. 그는 이제 다우이론의 권위자가 되었고, 일목균형표 괘선 파악의 도사가 되었으며, 갠이론과 사카다 삼법에도 능통하였다. 그러나 정작 이 이론들은 그가 투자에 나서기만 하면 어김없이 아무 쓸모없는 '쓰레기'로 변하기만 할 뿐이었다.

실의에 빠져있던 그가 히말라야 산꼭대기에 사는 도사의 소문을 들은 것은 그때였다. 그 도사는 세상의 모든 이치를 꿰뚫고 있어서 찾아가는 모든 사람에게 비법을 알려준다는 것이었다. 지체할 시간이 없었다. 그는 즉각 짐을 꾸려 히말라야로 날아갔다. 험한 산을 오르는 도중 죽을 고비를 여러 차례 넘기는 고생 끝에 드디어 도사가 살고 있는 집에 당도하였다. 도사 앞에 나간 그는 머리를 조아려 자초지종을 모두 설명하였다. 그리고 말했다.

"세상의 모든 이치를 알고 계시는 도인이시여. 저에게 주식투자로 성공할 수 있는 비법을 알려 주시옵소서."

도사는 그를 물끄러미 내려다보더니, 한 마디 툭 던지는 것이었다.

"BLASH"

"아니, BLASH가 무슨 뜻입니까? 자세히 가르쳐 주십시오."

도인에게 매달렸으나 그는 입을 열지 않았다. 사내는 며칠 머무르면서 어떻게든 도사로부터 BLASH의 뜻을 알아내려고 애썼지만 소득이 없었다. 하는 수없이 그는 집으로 돌아왔지만, 그래도 헛된 여행은 아니었다. 주식투자 성공의 비밀, BLASH라는 것이 있지 않은가! 이 말의 뜻을 알아내기만 하면 그때부터 주식투자는 탄탄대로일 것이다. 그는 희망에 부풀었다. 그러나 쉽지 않았다. BLASH의 뜻을 알아내기 위하여 도서관에서 대영백과사전을 비롯한 온갖 두터운 사전을 낱낱이 뒤졌지만 그런 단어는 존재하지 않았다. 저명한 학자들이며 교수들을 만나 물어보기도 했으나 BLASH를 알고 있는 사람은 없었다. 온갖 방법을 동원하였지만 도무지 그 말의 뜻을 찾을 수 없었다.

또 한 번의 실패인가. 낙담하고 있던 그에게 아내가 물었다. "요즘 무슨 일 있어요? 왜 풀이 죽어서 지내요?" 그는 자초지종을 말했다. 순간, 이야기를 듣고 있던 아내가 외쳤다.

"너무 쉬운 거 아니에요? B.L.A.S.H, Buy Low And Sell High 잖아요."

허망한가? 뭔가 비법이 있으리라 잔뜩 기대하고 여기까지 왔다면… 미안하다. 사실 "싸게 사서 비싸게 판다"는 것은 비법이라고 말할 수조차 없다. 하지만 이처럼 쉽고 간단한 법칙인데도 제대로 이행하지 못하여 수많은 사람들이 실패를 맛본다. 그렇다면 어떻게 해야 싸게 사서 비싸게 팔 수 있을까? 그걸 이 책에서 다룬다. BLASH를 할 수 있도록 여러 분석 기법을 살피려고 한다. 위의 이야기처럼 쉽고 재미있게 말이다!

차트는 왜 그리나?

모든 투자자들이 꿈꾸는 '이상형'이 있다면 누굴까? 아마 워런 버핏일지 모른다. 알다시피 그는 주식투자로 성공한 대표적인 사람이기 때문이다. 버핏은 그냥 성공한 것이 아니라, 그야말로 '어마어마한' 성공을 거두었다. 그는 10만 달러도 안 되는 돈으로 주식투자를 시작했는데, 지금은 엄청난 부자가 되었다. 경영 잡지 〈포브스(Forbes)〉가 2020년에 선정한 세계의 부호 순위에서 버핏은 세계 4위에 올라 있다. 재산은 675억 달러, 우리 돈으로 약 80조 원에 이른다. 정말 입이 딱 벌어질 지경이다.

그래서인지 투자자라면 너도나도 워런 버핏의 투자기법을 배우고 싶어 한다. 나 역시 워런 버핏과 관련된 책을 세 권이나 번역해 내놓은 경험도 있고, 그런 만큼 개인적으로 버핏에 대한 관심이 많다. 나도 그의 투자기법을 열심히 연구하기도 했다. 그런데 버핏의 투자기법이란 것이 알고 보면 매우 단순

> 워런 버핏은 투자의 귀재라고 불리며 20세기를 대표하는 미국의 사업가이자 투자가이다. 가치투자의 창시자인 벤저민 그레이엄의 영향을 크게 받아 가치투자 방식을 고수하는 것으로 유명하다.

하다. 한마디로 말해 우량한 주식을 골라 매수하고는 그것을 장기적으로 보유하는 것이다.

그렇다고 하여 버핏은 아무 회사에나 투자하지 않는다. 철저히 기업을 분석한다. 어떤 회사인지, 무엇을 하는지, 미래전망은 밝은지, 경영진은 괜찮은지, 수익성이 어떤지 등을 치밀하게 살피고, 확신이 들어야만 투자에 나선다. 더구나 이런 과정을 거쳐 우량한 회사를 발견하더라도 곧장 매수에 뛰어들지 않는다. 자신이 생각하는 적정주가보다 시장에서 거래되는 주가가 충분히 낮아야만 비로소 매수하는 것이다. 아무리 좋은 회사일지라도 주식시장에 형성되어있는 주가가 적정한 수준보다 높으면 절대로 매수하지 않는 것이 그의 철칙. 주가가 충분히 낮은 수준이 될 때까지 기다리고 또 기다린다. 만약 주가가 원하는 수준으로 하락하지 않는다면 그냥 포기할지언정 무리하여 비싼 값에는 결코 매수하지 않는다.

우량한 주식을 고르지만, 철저하게 매수시기를 저울질하는 것이다. 이것이 워런 버핏 투자기법의 전부라고 하여도 과언이 아니다. '주식투자는 타이밍의 예술'이란 말도 있듯이 아무리 좋은 주식이라도 적절한 매수 타이밍을 잡을 줄 알아야 투자에서 성공할 수 있는 것이다. 당연하다!

이제 개미 투자자, 초보 투자자의 입장에서 생각해보자. 워런 버핏의 투자기법이 "간단하다"라고 말하지만 솔직히 그것을 따라 하기에는 어려운 점이 많다. 그의 방법대로 기업을 분석하고 내재가치를 평가하는 일은 전문적으로 훈련을 받은 애널리스트에게도 만만치 않은 작업이다. 하물며 재무제표도 잘 볼 줄 모르는 초보 투자자인 우리들이야!

그렇다면 주식투자를 아예 포기해야 할까? 설마! 그렇지는 않을 터. 다행스럽게도 각 증권사의 우수한 애널리스트들이 매일같이 우량한 회사를 발굴하여 소개하고 있다. 우리는 그들의 분석 보고서를 이용하면 된다. 그것마저 어렵다면 다른 방법도 있다. 전설적인 투자자, 피터 린치의 기법이지만, 시중에 잘 알려져있는 대형 우량주를 매수하는 것도 좋은 투자기법이다. 쉽게 말하여 삼성전자, LG전자, SK텔레콤, 현대자동차 등의 종목을 매수하는 일이다. 이들은 주식시장에서 이미 우량주로 검증받았으니 우리가 안심하고 투자하여도 별 문제가 없다.

> 피터 린치는 월스트리트 역사상 가장 성공한 펀드매니저이자 마젤란 펀드를 세계 최대의 뮤추얼펀드로 키워낸 '월가의 영웅'이다. 한창 전성기인 47세에 가족과의 소중한 시간을 위해 돌연 은퇴를 선언해서 전설로 회자되고 있다.

다만, 여기서도 문제가 되는 것이 매수 타이밍이다. 우리나라 대표 우량주인 삼성전자를 한번 생각해보자. 얼핏 생각하기에 삼성전자를 매수하여 오랫동안 보유한다면 워런 버핏처럼 큰 수익을 얻을 것 같다. 하지만 제 아무리 삼성전자일지라도 주가가 내내 오르지는 않는다. 다음의 차트에서 알 수 있듯이 주가란 오르기도 하고, 내리기도 하면서 움직이기 마련이다.

예컨대 삼성전자 주식을 2019년 10월 이전에 사들인 투자자라면 2020년 초에는 꽤 많은 수익을 얻었을 터. 이후 주가가 큰 폭으로 하락하였지만 워낙 매수가격이 낮았기에 여전히 수익이 나고 있는 상태이다. 혹은 코로나19로 인하여 주가가 크게 내렸을 때 4만 원 언저리에서 매수하였다면 차트가 그려진 현재 시점에서 역시 어느 정도 수익을 얻고 있다. 그런데 똑같은 삼성전자를 2020년 1월에 6만 원 이상으로 매수한 투자자라면 주가가 폭락하고 다시 꽤 반등하였지만 여전히 수익은커녕 손실 상태에서 벗어나지 못하고 있다.

종목도 중요하지만 그것보다는 '언제' 매수하느냐, 혹은 나아가 그것을 언제 매도하느냐는 것이 훨씬 더 중요하다. 한 마디로 매매 타이밍이 수익률을 좌우하는 매우 중요한 요인이라는 사실을 차트에서 확인할 수 있다.

그렇다면 매매 타이밍을 제대로 잡기 위해서는 어떤 방법을 써야 할까? 막연히 저렴하다는 이유로 매수하고, 오랫동안 보유한다고 하여 반드시 수익이 나는 게 아니라면, 무언가 합리적이고 객관적인 기준이 필요할 것이다. 그 기준이 되는 것이 바로 이 책에서 중점적으로 다룰 차트 분석기법, 혹은 기술적 분석기법이다.

차트 1-1 ▶ 삼성전자 매수 타이밍의 차이   삼성전자 주식을 2019년 10월 이전에 사들인 투자자라면 2020년 초에는 꽤 많은 수익을 얻었을 터. 이후 주가가 큰 폭으로 하락하였지만 워낙 매수가격이 낮았기에 여전히 수익이 나고 있다. 혹은 코로나19로 인하여 주가가 크게 내렸을 때 4만 원 언저리에서 매수하였다면 차트가 그려진 현재 시점에서 역시 수익을 얻고 있다. 그런데 똑같은 삼성전자를 2020년 1월에 6만 원 이상으로 매수한 투자자라면 주가가 폭락하고 다시 꽤 반등하였지만 여전히 수익은커녕 손실 상태에서 벗어나지 못하고 있다.

차트는 주가의 움직임을 그림으로 나타낸 것이다. 따라서 차트를 보면 주가의 흐름을 시각적으로 쉽게 파악할 수 있다. 언제 주가가 꼭지를 만들었고, 어디가 바닥이며, 언제 흐름이 뒤바뀌었는지 다 보인다. 어차피 주식시장은 흐름에 따라 움직이는 것인지라 차트를 통해 파악한 주가의 흐름(이를 '추세'라고 한다)에 몸을 싣는다면 훨씬 효율적인 매매가 가능해지는 것이다. 우량한 종목이라면 결국은 주가가 오른다. 매수 시점이 어떻든 그야말로 '은근과 끈기'로 버티면 언젠가는 좋은 날이 올 수는 있겠다. 하지만 그건 너무 '무식한' 기법이 아닌가? 차트 분석을 무기삼아 매매 타이밍을 잡는다면 훨씬 나은 투자성과를 기대할 수 있는데 굳이 마다할 이유는 없지 않겠나!

 1분 | 질 | 문

차트는 왜 그리는가?
차트는 주가의 흐름을 그림으로 나타낸 것이어서 주가의 흐름을 시각적으로 쉽게 파악할 수 있기 때문이다.

기본적 분석이 좋을까?
기술적 분석이 좋을까?

주식에 투자하기 위해서는 무엇보다도 먼저 주가의 앞날을 예측할 수 있는 능력을 길러야 할 것이다. 앞서 'BLASH' 이야기에서도 알 수 있듯이 주가가 앞으로 오를 것으로 예측되는 주식을 싸게 사서, 예측한대로 주가가 오르면 그 주식을 비싸게 팔아야 수익이 난다. 물론 신이 아닌 '인간'의 영역에서야 주가의 미래를 100퍼센트 정확히 맞힐 수는 없는 노릇이다. 그래도 100퍼센트는 아니지만 최소한 '주식시장의 흐름을 읽는 안목' 정도는 갖추고 있어야 한다. 그래야 투자이든 뭐든 할 게 아닌가.

이때 주식시장을 읽는 눈, 또는 다른 말로 주가를 예측하는 방법에는 크게 두 가지가 있는데, 기본적 분석(fundamental analysis)과 기술적 분석(technical analysis)이다. 두 기법의 차이를 간략하게 정의한다면, 기본적 분석법이란 주식시장에서 거래되는 주식의 내재가치(intrinsic value)를 평가하는 기법이고, 기술적 분석은 과거 주가의 움직임을 분석해 미래의 주가를 예측하는 기법을 말한다.

간략하게 정의한다면서 실제로는 영어가 난무하고, 심지어 너무 어렵게까지 느껴진다면 순전히 내 잘못이다. 괜히 내용을 어렵게 만들려는 이 책이 추구하는 목표가 아니다. 독자들로 하여금 이해하기 쉽고 재미있게 배우도록 하는 것이 이 책이 지향하는 바이다. 그러므로 다시, 쉽게 풀어서 말해보자. 이번에는 주식이 아니라 다른 예를 든다. 당신이 과일 가게에서 사과를 하나 사야 한다고 상정하자. 어떤 사과를 사야 할까? 당연히 싸고, 달고, 싱싱한 사과를 사야 할 터. 게다가 사과의 모양까지 예쁘다면 더할 나위가 없다. 그런데 사과를 산답시고 과일가게에 불쑥 들어가 눈에 보이는 대로 사과를 집어 드는 손님은 없다. 현명한 소비자라면 사과를 신중하게 살펴보고 혹은 '샘플'도 시식하면서 마음에 드는 상품으로 골라 구입할 것이다.

이처럼 사과의 당도, 신선도, 외관 등을 꼼꼼하게 따져본 후 과일가게에 써 붙인 가격과 자신이 평가한 것을 상호 비교하며, 어떤 사과를 사야 할지 결정하는 것이 바로 기본적 분석이다. 주식시장에서 기본적 분석을 통해 주식을 분석하고 종목을 고르는 방법도 똑같다. 예컨대 당신이 과일가게에서 사과를 요모조모 살핀 끝에 '이 사과라면 한 개에 1,000원의 가치가 있겠다'라고 판단했다고 하자. 이럴 때의 1,000원을 어려운 말로 표현하여 사과의 내재가치라고 한다. 만일 과일가게에서 이 사과를 개당 500원에 팔고 있다면 당연히 손님은 그 사과를 살 것이다. 거꾸로 손님이 사과 한 개당 1,000원의 가치가 있다고 평가했으나 과일가게에서는 사과를 개당 2,000원에 팔고 있다면, 손님은 그 사과를 사지 않을 게 분명하다. 그런 사과는 팔리지 않고 계속 재고로 남아 있다가 나중에는 헐값에, 즉 1,000원 또는 그보다 더 할인된 가격에 내놓았을 때 비로소 팔릴 수 있다.

이처럼 사과의 본질적인 가치(내재가치)와 시장의 가격을 비교하여 매수, 매도 여부를 결정하는 방법이 기본적 분석이다. 여기서 '사과'라는 단어를 '주식'으로 바꾸면 고스란히 주식의 기본적 분석이 된다.

이번에는 기술적 분석에 대하여 알아보자. 사과는 아침에 사는 것이 좋을까? 아니면 저녁에 사는 것이 좋을까? 두말할 필요없이 과일은 아침에 사는 것이 더 좋다. 통상, 과일가게에서는 새벽마다 청과도매시장에서 신선한 과일을 새로 들여와 이를 보기 좋게 진열한다. 그러므로 저녁에 과일을 산다면 아무래도 하루 종일 가게에 진열되어 있느라 신선도가 떨어진 사과를 사는 결과가 된다. 아침 일찍 사과를 사는 것이 현명하다. 아침 사과는 좀 더 신선할 것이기 때문에 똑같은 사과라도 아침에 사는 게 좋다. 주식투자로 바꾸어 말하면 그게 바로 '타이밍'이다. 기술적 분석은 이 같은 타이밍을 찾아서 가장 유리한 시점에 주식을 매수하거나 매도하는 기법이다. 타이밍을 잘 잡으려면 주가 흐름을 과거부터 쭉 면밀히 관찰하는 것이 필수적이다. 따라서 기술적 분석가들은 과거부터 진행된 주가 흐름을 살피기 위하여 주가 움직임을 '그림'으로 표시하는데, 그것이 바로 '차트(chart)'. 우리가 이 책에서 중점적으로 배울 것이다.

앞서 설명하였듯이 기술적 분석에서는 현재 주식시장에서 거래되고 있는 주가 흐름을 중시한다. 그러므로 기술적 분석에서는 왜 주가가 올랐는지 혹은 내렸는지, 또 주가가 오르거나 내린 동기나 배경이 무엇인지 등에 대해서는 별로 관심이 없다. 주가가 오르거나 내리게 된 배경과 원인보다는 그러한 원인이 작용해서 결과로 나타난 주가 움직임 그 자체를 중시하는 것이

> 차트는 시간의 경과에 따라 거래량과 거래가격을 표 또는 그래프로 표현한 것이다.

다. 반면, 기본적 분석법은 주가 변동에 영향을 미칠 만한 요인들을 중시한다. 궁극적으로 내재가치를 산출하고 그것과 주가를 비교하는 방식인지라 예컨대 기업실적, 재무구조, 수익성, 부채규모, 자산 가치 등의 기업 내부적 요인은 물론이고, 기업 외적으로도 경기나 금리, 국제수지, 통화량, 물가 등의 여러 요인을 고려한다.

그렇다면 기본적 분석과 기술적 분석 중에서 어느 방법이 더 좋을까? 사실 이것처럼 바보 같은 질문은 없다. 어린아이에게 "엄마가 좋니, 아빠가 좋니?"라고 묻는 것과 같다. 요즘 아이들은 똑똑해서 이처럼 난처한 질문에는 "둘 다!"라고 현명하게 답한다. 똑같다. 기술적 분석도 중요하고, 기본적 분석도 빠트릴 수 없다.

차라리 "어느 기법을 더 중시하느냐"라고 묻는 것이 옳다. 이때 투자자의 성향이나 투자 기간에 따라 어떤 기법을 사용할지 결정된다. 워런 버핏처럼 내재가치를 따지고, 긴 기간 동안 주식을 오래 보유하는 성향의 투자자라면 기본적 분석을 애용한다. 반면 기본적 분석을 통해서 어떤 종목이 내재가치 대비 시장의 주가가 낮게 형성되고 있는지 판별하였더라도 그 종목을 '언제' 사들일지가 관건일 때에는 기술적 분석이 활용될 수밖에 없다. 또한 종목을 길게 가져가기 보다는 단기 트레이딩 목적의 거래일 때에는 기술적 분석의 활용도가 높다.

나는 어떤 쪽인가 하면 기술적 분석을 선호하는 편이다. 그리고 주위의 일반 투자자들에게도 기술적 분석을 권한다. 왜냐하면 일반 투자자들로서는 기본적 분석을 제대로 하기가 만만치 않다. 무엇보다도 분석에 필요한 여러 요인, 즉 기업 정보에 접근하기 어렵다는 문제가 있기 때문이다. 하지만 기술적 분석은 그렇지 않다. 접근하기 용이하다. 일반 투자자로서는 '차트만 있으면' 된다. 기술적 분석이 기분적 분석에 비하여 훨씬 손쉽고 빠르다. 나아가 기술적 분석을 해나가는 과정에서 자신만의 '투자기법'을 발전시킬 수 있다는 부수효과도 따라온다.

사과 이야기를 기억하는가? 과일가게에서 사과의 품질을 따지는 것만 해도 말처럼 쉽지 않다. 외관만 대충 살핀다면 몰라도 본격적으로 사과의 품질을 분석하려면 복잡해진다. 우선 과육의 단단함을 수치로 측정해야 할 것이고, 당도를 단순히 '달다'라는 수준이 아니라 역시 구체적인 수치로 표현해야 한다. 비타민, 구연산, 포도당, 유기산, 펙틴, 칼륨 등 사과의 온갖 영양성분도 조사해야 하고, 재배하면서 생긴 잔류 농약 유무도 살펴야 하니 전문적으로 검사하고 따져봐야 할 항목이 매우 많다.

사과야 그렇다 치고, 주식은 훨씬 더 복잡하다. 예를 들어 기본적 분석법에 의해 어떤 기업의 적정주가를 산출한다고 하자. 그러려면 일단 해당 기업의 과거 수익 통계를 수집해야 향후의 수익 추이를 가늠할 수 있다. 아울러 산업전망, 매출정보, 제품별 단가, 재무구조, 경쟁업체 동향에다 판매관리비, 마케팅비용 등의 부대비용과 금융비용, 인건비 등의 원가 항목도 망라해 추정할 수 있어야 한다. 전문 애널리스트가 아닌 일반인이라면 생각만 해도 아찔한 작업이 분명하다. 기술적 분석은 기본적 분석보다 훨씬 쉽다. 차트만 있으면 가능하다. 다시 묻겠는데, 당신이라면 어느 쪽이 좋아 보이는가?

게다가 기본적 분석이 항상 옳다는 보장도 없다. 아래의 글을 참고하면 답이 보인다. 1948년에 출간되어 기술적 분석기법의 고전으로 불리는 『주식시장 흐름의 기술적 분석Technical Analysis of Stock Trends』의 한 구절이다.

'물론, 기본적 분석가들이 연구하는 여러 가지 경제적 요인들도 주가에 영향을 미치기는 한다. 이는 당연히 인정되어야 한다. 그러나 실제로는 그 외에도 주가 변동에 영향을 미치는 수많은 요인이 존재한다. 특히 주식시장에서는 전통적인 내재가치에 대한 의견도 주가에 반영되지만, 그 외에 투자자들의 희망, 불안, 기분, 초조, 추측 등도 역시 주가에 반영된다. 결국 시장에 형성되어 있는 가격은 기본적 분석가들이 얻어내고자 하는 기본적인 정보, 그와 동등하거나 그 이상의 중요성을 갖고 있는 심리적이거나 그 밖의 다른 정보를 모두 반영하고 있다.'

— R. Edward & J. Magee, 『Technical Analysis of Stock Trends』, 1948

 1분 | 질 | 문

기본적 분석법과 기술적 분석법의 차이가 무엇인가?
기본적 분석법이란 주식시장에서 거래되는 주식의 내재가치(intrinsic value)를 평가하는 기법이고, 기술적 분석은 주가의 움직임을 분석해 미래의 주가를 예측하는 기법을 말한다.

기술적 분석의
여러 유형

기술적 분석은 주가의 움직임을 '차트(chart)'로 그려서 분석하는 방법이다. 그런데 주가 움직임을 차트로 그리더라도 그것을 분석하고 해석하는 방식에는 여러 종류가 있다.

▌패턴 분석법

패턴(pattern)이란 차트에 나타나는 특정한 모양을 말한다. 그리고 이런 모양들은 대부분 시간이 지나면서 반복해서 나타나는 경향이 높다. 2년 전에 나났던 모양이 1년 전의 차트에서도 나타나고, 그게 또 최근의 차트에서도 발견되는 식이다. 반복되는 모양이 패턴인데, 이것은 마치 옷을 만들기 위하여 특

정한 옷본을 만들어놓고, 이에 따라 옷감을 재단하는 일과 같은 이치이다. 똑같은 패턴을 이용해 똑같은 디자인의 옷이 양산되는 것처럼, 주식시

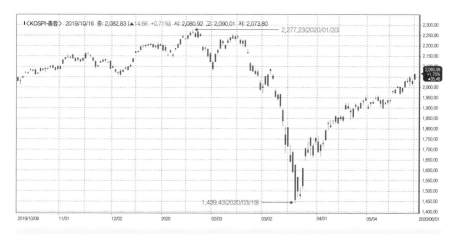

차트 1-2 ▶ **패턴 분석법** 패턴은 차트에 나타나는 특정한 모양이다. 패턴 분석법은 이런 모양이 반복된다는 특성을 활용하여 향후의 주가 움직임을 예측한다. 코스피지수의 차트에는 여러차례의 갭과 장대양봉, 샛별, 해머 등의 패턴이 출현하였다.

장에서도 같은 모양이 나타날 경우 그 이후의 움직임은 예전에 그 모양이 만들어졌을 때의 주가 움직임과 같다.

　예를 들어 과거 수십 년 동안 차트에서 주가가 '곰발바닥'과 비슷한 모양을 만들기만 하면 어김없이 급격하게 하락했다고 하자. 그러면 이게 바로 '패턴'이 되는 것이다. 이제 우리가 그 사실을 알고 있는데 나중에 다시 한번 차트에서 똑같은 곰발바닥 모양을 접하였다고 하자. 이럴 때 우리는 과거에 그랬듯이 주가가 이번에도 또 크게 추락할 것이라고 예측할 수 있다. 당연히 주식을 보유하고 있다면 즉각 매도하여야 한다.

　결국 패턴 분석은 여러 가지의 패턴들을 미리 알고 있다가, 상황에 맞도록 대처하는 기법이라고 요약된다.

▌ 추세 분석법

추세(trend)란 주가 흐름을 말한다. 예를 들어 상승추세라고 하면 주가 흐름이 내내 상승하는 쪽으로 움직이는 것을 일컬으며, 반대로 하락추세는 주가 흐름이 계속해서 하락하는 쪽으로 움직이는 것을 말한다.

관성의 법칙은 외부에서 힘이 가해지지 않는 한 모든 물체는 자기의 상태를 그대로 유지하려고 하는 것을 말한다. 즉, 움직이는 물체는 이제까지 움직여왔던 방향과 같은 방향으로 더 움직인다.

그렇다면 추세가 왜 중요할까? 뉴턴이 발견한 '관성의 법칙'이라는 것이 있다. 흔히들 경험해보았듯 달리던 버스가 갑자기 멈추면 버스 안에 있는 사람들의 몸이 왈칵 앞으로 쏠린다. 관성이 작용하여 사람의 몸은 여전히 앞

차트 1-3 ▶ 추세 분석법   추세 분석법은 관성의 원리에 의거하여 기존의 추세가 계속 이어질 확률이 높다는 점에 착안하고 있다. 일반적으로 기존의 추세를 파악하는 기법으로는 이동평균선이 사용된다.

으로 가려고 하기에 버스는 멈추었어도 몸이 앞으로 쏠리는 것이다.

주가에서도 일단 움직임이 시작되면 관성이 작용한다. 다시 말해 주가의 흐름, 즉 추세가 상승세로 진행되면 주가는 곧장 하락세로 바뀌기 보다는 기존의 상승세를 이어갈 확률이 높다. 반대로 추세가 하락세로 진행되면 주가는 금세 상승세로 바뀌기 보다는 기존의 하락세를 이어갈 확률이 높다.

따라서 현재 주식시장의 추세가 상승세라고 판단된다면 우리는 주식을 매도하기보다 주식을 보유하거나 오히려 시장흐름에 편승하여 그 주식을 더 매수해야 할 것이다. 왜냐하면 주가는 관성의 법칙에 따라 더 상승할 것이기 때문이다. 반대로 추세가 하락세라면 재빨리 매도하는 것이 현명하다. 역시 관성의 법칙이 적용되기 때문이다.

정리한다면, 추세 분석법이란 현재 주가의 추세가 상승세인지 하락세인지를 판단하여 그것과 같은 방향으로 거래하고자 하는 기법이다.

▌ 시장특성 분석법

기술적 분석에서는 시장의 특성(character)를 분석하는 기법도 있다. 여기서 특성이란 현재 주식시장의 상황을 뜻한다. 구체적으로 설명하여 지금 주식시장의 상황이 정상인지, 비정상인지를 의미한다. 주식시장이 정상이라는 것은 길게 설명할 필요 없이 주가가 안정적으로 움직이는 상태이다. 반면 비정상적이라는 것은 주가가 상승세를 거듭하면서 주식시장의 분위기가 '과열'되었거나 또는 주가가 내리 하락하면서 주식시장의 분위기가 과도하게 '침체'되어 있는 상태를 일컫는다.

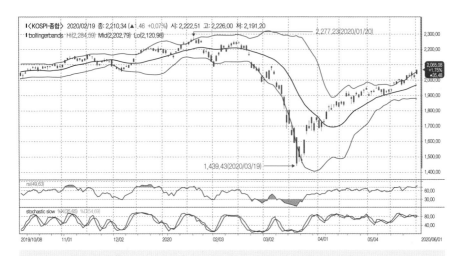

차트 1-4 ▶ 시장특성 분석법   시장특성 분석법은 현재 주식시장 상황이 정상인지, 비정상인지를 판단하는 데 주력한다. 이를 위하여 여러 가지 보조지표들이 활용되는데, 코스피지수의 차트에는 볼린저 밴드, RSI 그리고 스토캐스틱이 그려져 있다.

그런데 주식시장이 항상 조용하고 완만한 상태, 정상적인 상황에만 머물러 있는 것이 아니다. 오히려 비정상적일 때가 더 많다. 막연한 낙관론에 들떠 금세라도 주가가 수백 배 치솟을 것 같은 과열 분위기로 치닫거나, 반대로 엄청난 비관론에 휩싸여 주가가 끝없이 추락할 것 같은 침체 분위기로 접어들 때가 종종 있다. 이런 주식시장의 비정상적인 상태, 즉 과열 또는 침체 상황은 오래 이어지지 않는다. 어느 정도 비정상적인 상태가 지속되었다면 결국 주식시장은 정상적인 상황으로 되돌아가게 마련.

시장특성 분석법은 지금의 주식시장이 비정상적인 상황, 즉 과열 국면이거나 침체 국면이라면 이내 주식시장이 정상 국면으로 회귀하리라고 쉽게 판단할 수 있다는 원리이다. 가령 현재의 주식시장이 과열 국면이라고 하자. 주식시장은 상승세이고, 사람들은 주가가 끝없이 오를 것이라는 환상에 사로잡혀 있다. 이럴 때 우리는 결국 비정상이 정상으로 돌아갈 것이므로 상승 분위기에 휩쓸리지 않고, 보유한 주식을 매도하여야 할 것이다. 반대로 현재의 주식시장이 침체 국면이라고 하자. 주식시장은 하락세이고, 사람들은 주가가 계속 추락할 것이라는 공포에 사로잡혀 있다. 이럴 때 우리는 결국 비정상이 정상으로 돌아갈 것이므로 하락 분위기에 휩쓸리지 않고, 좋은 주식을 골라 값싸게 매수하여야 할 것이다.

여기서 드는 한 가지의 의문이 있다. 그렇다면 시장이 정상인지 비정상인지 어떻게 아는가?

그저 시장을 바라보고 있어서는 분간이 안 된다. 객관적이고 합리적인 지표가 필요하다. 그리고 기술적 분석가들은 시장특성 분석법에서 현재 시장의 상황을 판단하기 위한 여러 지표를 일찌감치 개발해놓았다. 뒤에서 자세히 살펴보겠지만 예컨대 RSI, 스토캐스틱, 볼린저 밴드, CCI 같은 것들이다.

▌ 시장구조이론

시장구조(Market Structure) 이론이란 말 그대로 주식시장의 구조에 대한 이론이다. 이를테면 주식시장이 '5번의 파동과 3번의 파동이 반복되는 방식으로 움직인다(엘리어트 파동이론)', 또는 '과거의 주가 움직임이 현재의 주가 움직임을 지배한다(일목균형표)'는 이론이 여기에 속한다.

대표적인 시장구조이론으로는 엘리어트 파동이론과 일목균형표가 있다.

엘리어트 파동이론에 따르면, 주가는 삼라만상의 법칙에 따라 황금분할의 비율에 의한 움직임을 보이도록 되어있다고 한다. 정말 그렇게 되는지에 대한 논의는 사람마다 다르므로 이 책의 범위에 벗어나는 내용이지만, 분명한 것은 엘리어트 파동이론에 의한 시장구조에 대한 해석과 예측의 적중률이 매우 높다는 점이다. 그리고 일본에서 개발된 '일목균형표'도 독특한 시장구조이론이다. 일목균형표에 대해서는 이 책에서도 나중에 자세하게 살펴볼 예정이다.

시장구조이론을 주장한 사람들, 예를 들어 엘리어트 파동이론을 개발한 랄프 엘리어트(Ralph N. Elliott) 혹은 일목균형표를 만든 호소다 고이치는 모두 주식시장에서 많은 경험을 쌓은 전문가들이었다. 어찌 보면 마치 도사 같은 분

차트 1-5 ▶ 시장구조이론 시장구조이론은 마치 도사 같은 분들이 "어차피 시장은 구조적으로 이러저러하게 움직이게 되어 있는 거야"라고 주장한 것이다. 얼핏 황당해보이지만 의외로 적중률이 높다. 코스피지수의 차트에는 일목균형표가 그려져 있다.

들이었는데, 이들이 "어차피 시장은 이러저러하게 움직이게 되어 있는 거야"라고 주장한 것이 시장 구조이론이므로 얼핏 보기에 황당하거나 해괴하게 느껴지기도 한다.

호소다 고이치는 일목산인(一目山人)이라는 필명을 가진 일본의 주가차트 전문가이다.

그러나 실제로 이들 이론을 차근차근 공부하다 보면 나름의 매력과 장점을 발견할 수 있다. 엘리어트 파동이론이나 일목균형표는 대단히 오묘하고 재미있어서 그 이론에 푹 빠져 있는 기술적 분석가들을 주위에서 쉽게 찾아볼 수 있다.

1분 | 질 | 문

기술적 분석법의 종류에는 어떤 것들이 있는가?

패턴 분석법, 추세 분석법, 시장특성 분석법, 그리고 시장구조이론 등이 있다.

추세선 분석을 이용한 실전매매

추세란 '주가가 움직이는 방향'을 말한다. 주가가 상승하는 방향으로 움직이면 상승세요, 거꾸로 하락하는 방향으로 움직이면 하락세이다. 그런데 여기서 간과하기 쉬운 것이 또 하나 있다. 주가가 위쪽도 아래쪽도 아니고 옆으로만 횡보하는 경우도 있는데, 이를 보합세라고 한다.

그런데 말로 하면 이처럼 매우 단순하지만, 실제로 주식시장에서 적용하려고 할 때에는 생각처럼 만만하지 않다. 왜냐하면 주가라는 것이 누구나 추세를 알아볼 수 있도록 한 방향으로만 움직이는 게 아니기 때문이다. 며칠 오르는 것 같다가 금세 고꾸라지기도 하고, 며칠 내림세를 이어가서 하락세인 듯 움직이다 어느새 후딱 치솟는 것이 주식시장의 주가이다. 당체 종잡을 수 없다. 그런 만큼 추세를 파악하기란 매우 어려운 작업이다.

실제 주식시장에서 주가는 일직선으로 오르거나 내리기보다는 오르내림을 반복하는 형태, 즉 지그재그 꼴로 움직이는 경우가 훨씬 많다. 이 같은 지그재그 형태의 움직임은 결국 차트에서 고점(peak)과 저점(trough)으로 나타난다.

그러므로 좀 더 현실적으로 정의한다면, '추세란 고점과 저점들이 움직이는 방향'이라고 말할 수 있다.

고점은 차트의 높은 구간, 높은 상승을 형성하는 부분을 의미하며, 저점은 차트의 낮은 구간, 낮게 형성된 부분을 의미한다.

나아가 상승세는 결국 고점과 저점들이 지속적으로 상승하는 상태를 뜻하고, 반대로 하락세란 고점과 저점들이 지속적으로 하락하는 상태를 의미한다. 그리고 보합세는 고점과 저점들의 움직임이 상승하거나 하락하지 않고 옆으로 횡보하는 상태를 말한다.

▌ 상승세, 하락세, 보합세

추세의 종류에는 상승세(up trend)와 하락세(down trend) 말고도 보합(sideway)이 있다는 사실을 잊어서는 안 된다. 흔히들 "주가는 오르거나 내리는 것, 둘 중의 하나"라고 말하지만 그렇지 않다. 영어 명칭인 "사이드 웨이(sideway)"라는 말대로 옆으로 기는 보합세가 명백히 존재한다. 따라서 확률적으로 따져 주가가 상승세일 경우는 세 번 가운데 한 번이다. 나머지는 하락세 혹은 보합이다.

이 말은 우리가 주식투자에서 성공할 확률이 50%가 아니라 33%라는 뜻이다. 초보자들은 투자 성공 확률을 50%라고 오해하는 경향이 있다. 홀짝이나 동전 던지기처럼 둘 중의 하나라는 생각으로 덜컥 주식을 매입하는 투자자가 많은데, 이것은 옳지 못한 판단이다. 강조하지만, 주식을 매입하여 성공할 확률은 50%가 아니라 33%에 불과하다. 상승세와 하락세 외에 보합세가 있기 때문이다.

41

차트 1-6 ▶ 상승세, 하락세, 보합세 추세의 종류에는 상승세(up trend)와 하락세(down trend) 말고도 보합(sideway)이 있다. 따라서 우리가 어떤 주식을 매수하였을 때 그 주가가 상승하여 수익을 얻을 확률은 50%가 아니라 33%인 것이다.

물론 보합세일 때에는 수익을 내지도 못하지만 그렇다고 큰 손해를 보는 것도 아니다. 그러나 개인투자자의 자금에는 어차피 한계가 있을 수밖에 없으니 그 돈을 효율적으로 사용해야 할 것이다. 상승세에 있는 종목을 정확히 선택해야 성공 확률이 높아지는 것은 당연하다. 되는대로 아무 종목이나 고른 후, '오르거나 내리거나 둘 중 하나'를 외치는 것은 대단히 어리석은 전략.

▌상승추세선과 하락추세선

추세선은 지금의 추세가 무엇인지 파악하려고 작성한다. 앞서 설명한 관성의 법칙에서도 알 수 있듯이 상승추세인 주식이 앞으로도 계속 상승세를 이어갈 것이고, 반대로 하락세를 만들고 있는 주식은 앞으로도 더 하락할 터. 따라서 상승추세에 있는 종목을 골라 매수하고, 하락추세에 들어선 종목을 매도하려면 무엇보다 추세선을 그려야 한다. 추세선을 통해 현재의 추세를 확인하는 것이 매우 중요하다.

앞서 추세란 고점과 저점들이 움직이는 방향인데, 상승세는 고점과 저점들이 지속적으로 상승하는 상태이고, 하락세란 고점과 저점들이 지속적으로 하락하는 상태를 의미한다고 설명했다. 좀 더 구체적으로 말한다면, 상승세는 (고점과 저점들이 지속적으로 상승하지만) 특히 저점이 지속적으로 상승하는 상태로 정의된다. 거꾸로 하락세는 고점이 지속적으로 하락하는 상태로 정의된다.

아니, 상승세를 고점이 상승하는 상태가 아니라 '저점이 상승하는' 상태로 정의하는 것은 무슨 이유에서일까? 저자가 혹시 잘못 알고 있지 않은가 의심하는 독자를 위하여 대답하기 쉬운 두 개의 질문을 해본다. 첫 번째 질문. 지금이 상승세라고 한다면 시장에서 매수 세력이 강력할까 아니면 매도 세력이 강력할까? 물어볼 것도 없이 정답은 '매수 세력'이다. 매수 세력이 강력한 것이 상승세이다. 이들이 계속 주식을 사들이기 때문에 주가가 올라가고 있다. 그렇다면 이제 두 번째 질문이다. 매수 세력은 주가가 쌀 때 나타날까 아니면 주가가 비쌀 때 나타날까? 질문을 바꾸어서 당신은 주가가 쌀 때 주식을 사는가 아니면 주가가 비쌀 때 주식을 사는가? 이번에도 쉽다. 정답은 '주가가 쌀 때'이다. 주가가 쌀 때, 즉 저점에서 매수세가 나타난다.

두 개의 질문을 종합하면, 상승세에서는 매수세가 나타나는 저점이 중요하다는 결론이 된다. 이때 저점이 지속적으로 상승한다면 그만큼 주가가 비싸지고 있다는 것. 그런데도 매수세가 계속 유입되고 있기에 상승세가 이어지는 것이다. 그러므로 상승추세선은 그 추세에서 가장 중요한 요소인 저점들을 연결하여 작성한다.

하락세의 경우는 반대로 생각하면 된다. 하락세에서는 매도세가 기승을 부리기 때문에 주가가 내내 밀리는 것이다. 그리고 매도세는 주가가 비쌀 때, 즉 고점에서 나타나기 마련. 결국 하락추세선은 그 추세에서 가장 중요한 요소인 고점들을 연결하여 작성한다.

▍ 추세선을 그리는 목적

고작 추세의 흐름을 파악하려고 직선을 긋고, 그것을 추세선이라고 부른다며 야단법석 떨 필요는 없겠다. 굳이 차트에 직선을 긋지 않아도 지금이 상승세인지 하락세인지 정도는 눈으로 쉽게 파악할 수 있다. 추세선을 그리는 것은 추

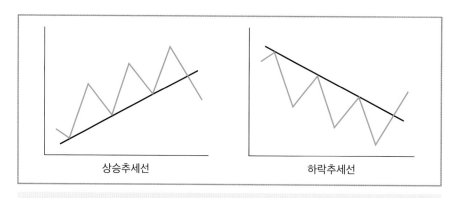

| 상승추세선 | 하락추세선 |

차트 1-7 ▶ 추세선 그리는 법 상승추세선은 저점을 연결하여 작성하고 하락추세선은 고점을 연결하여 작성한다. 그리고 주가가 상승추세선을 뚫고 아래로 내려올 때가 상승추세가 끝나는 점이므로 매도할 시기이며, 반대로 주가가 하락추세선을 뚫고 위로 올라설 때는 하락추세가 끝나는 점이므로 매수할 시기로 간주된다.

세를 알아보려는 일 말고도 다른 의도가 있다. 추세가 뒤바뀌는 순간을 파악하려는 목적이 사실은 더 크다.

　아무리 상승추세라고 할지라도 주가가 끝없이 오르지는 않는다. 언젠가는 추세가 끝난다. 그렇다면 상승추세가 끝나는 시점을 어떻게 파악할까? 바로 추세선을 보면 된다.

　앞의 그림은 상승추세선과 하락추세선을 각각 나타내고 있다. 배운 대로 상승추세선은 저점을 연결하여 작성하였고 하락추세선은 그 반대이다. 그런데 상승세일 경우, 한동안은 주가가 상승추세선 위에서 잘 올라가지만 막바지에 이르면 더 이상 오르지 못하고 밀리다가 급기야 주가가 추세선을 뚫고 아래로 내려오는 일이 발생한다. 바로 상승추세선이 '붕괴(혹은 돌파)'되는 때이고, 상승추세가 끝나는 시점으로 파악된다. 주가가 상승추세선을 뚫고 아래로 내려왔다는 것은 그만큼 주가가 싸졌음을 뜻한다. 상승추세가 유효하다면 매수세가 저점에서 나타나고 그래서 주가가 반등할 터이지만(추세 지속), 매수세가 나타나지 않았기에 주가가 더 밀리는 것이다. 이제 상승추세는 끝났다. 재빨리 매도하는 것이 정답이다. 하락추세가 끝나는 때는? 역시 반대방향으로 생각하자. 주가가 하락추세선을 뚫고 위로 치솟는 시점이다.

 1분 | 질 | 문

추세에는 어떤 것이 있는가?

주가가 상승하는 상승추세, 주가가 하락하는 하락추세가 있으며, 또한 아래위로 움직이지 않고 횡보만을 거듭하는 보합세도 있다.

지지선과 저항선을 이용한 실전매매

기술적 분석을 하기 위하여 주가의 움직임을 차트로 그려놓고 찬찬히 살피면 주가의 움직임 가운데 여러 특징, 이를테면 주가의 버릇을 발견할 수 있다. 주가는 얼핏 보아 아무렇게나 움직이는 것 같지만 실제로는 나름의 질서를 만들어 가면서 움직이는 것이다. 그 중에서 특기할 사항이라면 바로 지지선과 저항선의 존재이다.

지지선은 주가가 하락하다가 더 이상 하락하지 않고 반등하는 특정한 가격수준을 말한다. 예컨대 어떤 주식이 하락하여 10,000원 근처까지는 내려가지만 10,000원 이하로 주저앉지는 않고 반등한다고 하자. 그리고는 상승하였는데 또 다시 주가가 밀려서 10,000원 언저리까지 내려오지만 이번에도 또 10,000원 이하로 추락하지 않고 상승하는데 성공하였다면, 그렇다 이럴 때의 10,000원을 우리는 지지선(support line) 이라고 부른다.

지지선은 매수 세력이 집결하는 주가 수준이다. 매수 세력의 입장에서 '그 정도의 주가라면 충분히 싸서 이제는 매수할 만하다'고 판단하기에 매수 주문이 몰려드는 것이고, 따라서 주가는 더 하락하지 않고 상승할 수 있게 된다.

저항선은 지지선의 반대 개념이다. 즉 저항선은 주가가 상승하지만 더 이상 치솟지 못하고 하락하는 특정한 가격수준을 말한다. 예컨대 어떤 주식이 상승하여 50,000원 근처까지는 갔다고 하자. 하지만 추가적으로 더 오르지 못하고 50,000원 이하로 하락하였다. 그리고는 이후 주가가 하락하다가 다시 상승세가 재개되어 50,000원 근처까지 이르는 데에는 성공하였으나, 결국 50,000원을 넘기지 못하고 또 하락하고 말았다면, 그렇다 이럴 때의 50,000원을 우리는 저항선(support line)이라고 부른다.

저항선은 매도 세력이 집결하는 주가 수준이다. 매도 세력의 입장에서 '그 정도의 주가라면 충분히 올랐으므로 이제는 매도할 만하다'고 판단하기에 매도 주문이 몰려드는 것이고, 따라서 주가는 더 상승하지 못하고 하락할 수밖에 없다.

일반적으로 지지선이나 저항선, 즉 선(line)을 그릴 수 있으려면 점이 2개는 있어야 한다. 따라서 지지선이나 저항선의 경우도 동일한 가격 수준에서 주가가 반등하거나(지지선의 경우) 혹은 하락하는(저항선의 경우) 일이 최소한 2회 나타나야 한다. 그런데 동일한 주가 수준에서 주가가 더 나아가지 못하고 방향을 바꾸는 일이 2회가 아니라 그 이상 많으면 많을수록 지지선 혹은 저항선의 신뢰도는 높아진다. 예컨대 10,000원 언저리에서 주가가 반등하는 일이 여러 차례 반복된다면 '지지선 10,000원'이 그만큼 튼튼하다고 간주된다.

그러기에 주가가 또 10,000원 근처까지 내려온다면 우리는 지지선이 유지

차트 1-8 ▶ **지지선과 저항선** 삼성전자의 차트에서 뚜렷한 지지선과 저항선을 발견할 수 있다. 그리고 지지선이 무너지면 그때부터 하락추세로 바뀌고, 반면에 저항선이 돌파되면 상승추세가 된다는 것도 확인할 수 있다. 아울러 2019년 10월 이후 지지선의 각도가 가파르게 바뀌었는데, 가파른 지지선이 무너진 연후에는 하락추세 또한 강력하게 전개된다는 사실도 알 수 있다.

될 것을 기대하고 과감하게 매수할 수 있다. 저항선의 경우는 그 반대로 생각하면 된다. 주가가 저항선 근처까지 오면 매도의 기회로 삼아야 하겠다.

▌ 지지선과 저항선의 역전

여기까지는 쉽게 이해할 수 있다. 지지선 근처에서 주가는 반등하고, 저항선에 이르면 주가는 하락한다. 하지만 지지선이나 저항선이 영원한 것은 아니다. 지금까지 10,000원이 지지선으로 작용하였다고 하여 이번에도 또 매수 세력이 나타나 주가가 반등한다는 보장은 없다.

그런데 만일 지지선이 뚫리면 이후의 주가 움직임은 어떨까? 좀 더 구체적으로 말해보자. 주가가 지지선 10,000원 근처에 근접하였는데, 이번에는 예상과는 달리 지지선에서 반등하는데 실패하고 주가가 지지선을 뚫고 더 내려가 버렸다. 이제 추세는 어떻게 될까? 당연히 하락세로 바뀐다. 그거야 쉽게 예상할 수 있다. 그렇다면 앞선 그 지지선의 역할은 그것으로 끝난 것일까? 그렇지 않다는 점에 기술적 분석의 매력이 있다. 무너졌다고 하여 지지선의 생명이 끝난 게 아니다.

사실 지지선과 저항선에는 아주 중요한 버릇이 있다. 바로 지지선이 일단 돌파되고 나면 역할을 바꾸어 되레 저항선이 된다는 것이다. 앞서 예시처럼 10,000원이 오랫동안 튼튼한 지지선으로 작용하였다고 하자. 그러다가 주가가 지지선을 뚫고 하락하여 9,000원까지 밀렸다면, 이번에는 반등하더라도 이전의 10,000원 이상으로 올라서지 못할 공산이 크다. 10,000원 수준이 되레 저항선이 되는 것이다.

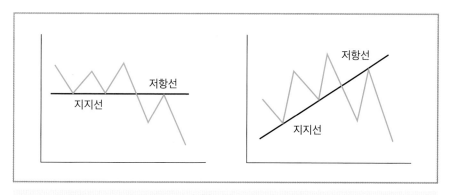

차트 1-9 ▶ 지지선과 저항선의 역전   지지선이 일단 돌파되고 나면 되레 저항선이 되고, 저항선은 일단 돌파되면 이후에는 지지선으로 작용한다.

그동안 주가를 떠받치느라 애써왔던 지지선이 졸지에 저항선으로 변모하여 주가가 상승하는 것을 오히려 억누르는 역할을 한다. 신기하지 않는가! 물론 저항선의 경우는 반대로 생각하면 된다. 저항선은 일단 돌파되면 이후에는 거꾸로 지지선으로 작용한다.

대체 왜 이런 일이 발생하는지 이유를 생각해보자. 인간의 심리를 이해한다면 쉽게 설명할 수 있다. 앞서 예에서처럼 10,000원이 지지선이라고 하자. 주가가 10,000원 위에 있다가 서서히 하락하여 10,000원 근처에 이르렀다. 투자자들은 지지선이 유지될 것을 기대하고 10,000원 부근에서 잔뜩 매수하였을 터. 그런데, 이번에는 기대와 달리 주가가 더 하락하여 10,000원을 뚫고 하락해버렸다! 만약 당신이라면 어떤 생각이 들까? 당연히 '큰일 났다. 본전이라도 찾았으면 좋겠다'고 바랄 것이다. 그런데 9,000원까지 밀렸던 주가가 반등을 개시하여 10,000원 근처까지 다시 왔다고 하자. 그렇게 되면 예전에 10,000원 근처에서 매수하였던 사람들은 '본전'을 찾기 위하여 너도나도 매도물량을 쏟아낼 것이 틀림없다. 급기야 매도물량이 몰리니 주가는 10,000원을 넘어서지 못한다. 결과적으로 10,000원이 이번에는 되레 저항선이 되고 말았다.

다음의 차트는 지지선과 저항선을 나타낸 것이다. 실제로 지지선이 잘 유지되다가 일단 돌파된 다음에는 저항선으로 뒤바뀌는 현상을 확인할 수 있고, 반대로 잘 버티던 저항선이 일단 돌파된 다음에는 지지선으로 뒤바뀌는 현상 역시 확인할 수 있다.

차트 1-10 ▶ 지지선의 역전 사례   그동안 굳건하게 주가가 하락할 때마다 떠받치던 역할을 하였던 지지선은 일단 무너지고 나면 거꾸로 역할을 바꾸어 주가가 상승하는 것을 억누르는 저항선으로 변하는 경우가 매우 많다. CJ의 차트에서 지지선이 저항선으로 역전된 사례를 뚜렷하게 발견할 수 있다.

물론 모든 지지선이나 저항선이 반드시 역할을 바꾸는 것은 아니다. 한때는 지지선이나 저항선이었지만 돌파된 다음에는 아무런 역할도 못하는 경우도 당연히 있다. 따라서 이처럼 지지선이나 저항선이 역할을 바꾸는 일, 즉 지지선, 저항선의 역전 현상은 '항상 일어난다'라기 보다는 '나타날 확률이 높다' 정도로 이해하자.

하나만 더 알아본다. 앞서 우리는 상승추세선과 하락추세선을 그려보았다. 그런데 상승추세선과 하락추세선이 지지선이나 저항선과 매우 유사해 보이지 않은가? 그렇다. 상승추세선은 저점들을 이어서 그린다고 하였는데, 이것은 지

51

차트 1-11 ▶ 저항선의 역전 현상   그동안 주가가 상승할 때마다 이를 억제하던 저항선은 일단 뚫리고 나면 거꾸로 역할을 바꾸어 주가가 하락하는 것을 떠받치는 지지선으로 변하는 경우가 매우 많다.

지선을 그리는 방법과 똑같다. 실제로도 상승추세선이 바로 지지선이다. 주가가 내려가지 않도록 버텨주는, 즉 지지해주는 선이기 때문이다. 반대로 하락추세선은 당연히 저항선이 된다.

 1분 | 질 | 문

상승추세선은 주가의 하락을 떠받치는 지지선으로 작용한다.
그러면 하락추세선은 어떤 작용을 하는가?
하락추세선은 주가의 상승을 억제하는 저항선의 역할을 한다.

차트는 만병통치약이 아니다

예전 시골장터에는 약장수가 있었다. 사람들의 관심을 끌만한 마술이나 차력 시범 혹은 원숭이 쇼 같은 것을 보여주다가 결정적인 순간에 '만병통치약'을 파는 것이 그들의 수법이다. 그들이 하는 말대로라면 그 약으로 낫지 않을 병이 없다. 고혈압, 당뇨 등의 성인병은 물론이고 감기, 몸살, 소화불량, 급체, 과식에 신경통, 관절염, 류머티즘에 이르기까지 약효가 이만저만이 아니다. 과거에는 사람들이 어수룩하여 이런 만병통치약을 속아서 샀겠지만, 지금은 모두들 잘 안다. "세상에 만병통치약은 없다."

기술적 분석도 같다. 결론부터 말하자면 기술적 분석은 만병통치약이 절대 아니다. 물론 기술적 분석은 주식투자에 매우 유용하다. 이는 분명한 사실이다. 그렇지 않다면 애당초 나는 이 책을 쓰려고 하지 않았을 것이다. 내 경험으로 미루어 기술적 분석처럼 개인 투자자에게 유용한 기법은 없다. 단언할 수 있다. 그런데도 이 기법이 완벽한 것은 아니다. 어느 기법이건 장점이 있으면 약점이 있게 마련인데 기술적 분석 또한 약점을 가지고 있다. 그런데 "지피지기면 백전백승(知彼知己 百戰百勝)"이라는 말이 있듯이 기법의 약점을 정확히 꿰뚫고 있다면 성공에 이르는 길은 멀지 않다.

53

기술적 분석기법의 가장 큰 약점이라면 '결코 시장을 앞서가지 않는다'는 사실이다. 주가가 먼저 움직이고, 이를 토대로 시장 흐름을 분석하여 향후 움직임을 예측하는 것이 기술적 분석이다. 기술적 분석에 의해 주가를 사전에 예측하고 그 분석대로 주가가 정확히 뒤따라 움직이는 게 아니라는 말이다. 매우 중요한 포인트인데, 사실 초보자들이 기술적 분석에 대하여 갖고 있는 막연한 환상이 바로 여기서부터 비롯된다. 주가가 먼저 움직이고 기술적 분석이 뒤를 잇는 것이지, 기술적 분석이 먼저이고 주가가 나중에 움직이는 것이 아니다. 무엇이 원인이고 무엇이 결과인지를 확실히 구분할 줄 알아야 한다.

초보자들은 기술적 분석대로 정확히 예측하였다면 주가는 반드시 그대로 움직여야 한다고 생각한다. 그래서 만일 주가가 다른 방향으로 움직이면 자신의 실력이 부족하거나 혹은 기술적 분석이 잘못되었다고 생각한다. 물론 애당초 엉터리로 분석할 수도 있다. 예컨대 이동평균선에서 데드크로스가 나타났는데, 이를 상승신호로 해석하였다면 분명 잘못된 것이다. 하지만 설령 분석이 정확하였어도 주가가 거꾸로 움직일 때도 많다.

이런 일이 벌어지는 것은 분석과는 다른 이유 때문일 수도 있다. 거듭 강조하는데, 주가가 '먼저' 움직이고, 이를 토대로 '분석'이 뒤따르는 법. 갑자기 시장의 상황이 바뀔 경우라면 이제까지의 주가 움직임을 토대로 한 기술적 분석은 '말짱 도루묵'이 될 수밖에 없다.

그렇다면 이처럼 종종 틀릴지 모르는 기술적 분석을 왜 하는가? 분석할 의미가 없지 않은가? 차라리 아예 포기해야 할까 생각할 수도 있겠다. 물론 당연히 그렇지 않다. 기술적 분석은 분석이 이루어지는 시점 이전의 주가 움직임을 토대로 한다. 그런데 분석한 이후에 뭔가 특별한 이유로 급격한 시장의 변동이 발생하였다면 그 변동까지 포함한 새로운 기술적 분석은 조금 전과는 전혀 다른 결과가 될 것이다.

예를 들어 9.11 테러가 발생했을 때를 생각해보자. 테러가 있기 전까지는 주가가 완만한 상승세를 거듭하였으니 기술적 분석에 의하면 '매수'라는 신호가 나타났을 것이다. 하지만 갑자기 전혀 예상하지 못하였던 9.11 테러가 터졌고, 주가가 급락하는 상황이 되었다. 테러 직후 급락한 주가를 반영하여 기

차트 1-12 ▶ 9.11 테러 당시의 주가 급락

술적 분석을 새롭게 하면 조금 전까지의 '매수' 신호는 졸지에 '매도' 신호로 바뀔 수밖에 없다. 이럴 때는 속이 쓰리지만 매수하였던 물량을 매도하여야 옳고, 그러면 손해는 불가피하다.

하지만 이때의 손실은 소액으로 끝난다. 그런데 만일 9.11 테러로 기술적 분석이 바뀌었는데, 이를 무시하고 그 이전의 분석대로 매수한 물량을 그대로 보유하였다면 그때는 심각해진다. 손실은 더욱 커져서 도무지 감당할 수 없는 수준에 이르고 만다.

상황이 바뀌었고, 그래서 분석이 틀렸다면 이를 받아들이는 것이 중요하다. 그래야 분석을 새롭게 하고 또 다른 기회를 얻을 수 있다. 이런 경우에 어울리는 주식투자 관련 금과옥조가 있다. 바로 "투자는 예측이 아니라 대응"이라는 말이다. 실제로도 그렇다. 주식투자는 예측이 아니라 상황에 맞는 대응이 훨씬 중요하다. 시장은 변화무쌍하게 움직이고, 상황은 항시 뒤바뀔 수 있는 만큼 유연한 자세로 대응하는 것이 현명한 태도이다. 고집을 부려보아야 소용없다.

그런데 예측이 아니라 대응이 중요하다면, 왜 굳이 기술적 분석을 해야 할까? 틀릴 때도 많고, 주가가 먼저 움직인 다음에 기술적 분석이 '뒷북'을 칠 때도 허다한데 차라리 분석을 하지 않는 것이 합리적이지 않을까? 천만에. 그렇지 않다. 약점이 있어도 기술적 분석을 해야 하는 뚜렷한 이유가 있다. 바로 기술적 분석은 시장을 읽는 안목을 길러주기 때문이다. 투자자가 스스로 시장을 보는 눈이 없다면 성공적인 매매는 기대할 수 없는 법. 주식을 언제 사야 하며, 언제 팔아야 하는지, 혹은 지금 주식을 추가로 더 사들여야 하는지 아니면 슬슬 분할매도를 해야 하는지, 이 모든 경우에 의사결정을 내려야 하는데, 기술적 분석이 큰 역할을 한다. 물론 틀릴 수 있으나, 그럼에도 불구하고 기술적 분석은 여전히 유용하다.

투자자가 스스로 시장을 읽으려면 자신만의 눈을 가져야 하고, 그러려면 기술적 분석은 반드시 갖추어야 하는 필수 무기이다. 주식투자를 시작하는 처음에야 증권회사 직원이나 전문가 혹은 주식을 잘 아는 지인의 조언을 듣겠지만, 언제까지나 '남의 말'을 믿고 자신의 소중한 재산을 투자할 수는 없는 일 아니겠나! 자신의 눈을 가져라. 그게 기술적 분석이다.

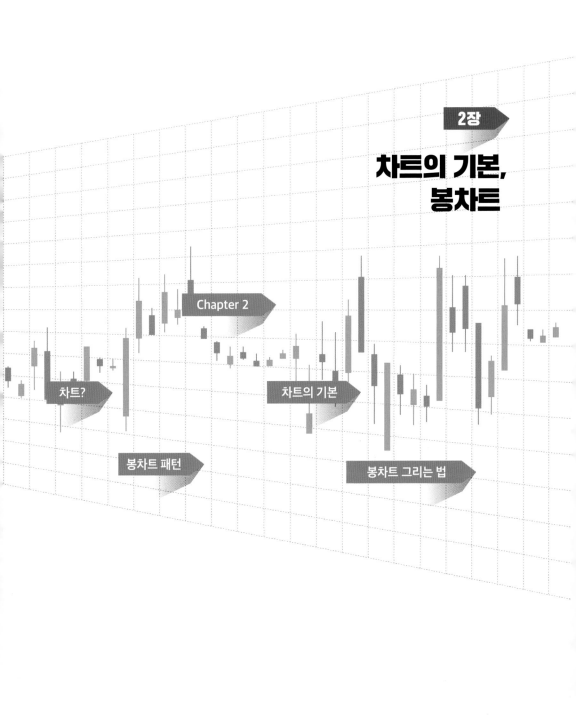

2장

차트의 기본,
봉차트

Chapter 2

차트?

봉차트 패턴

차트의 기본

봉차트 그리는 법

외계인이 UFO를 타고 우주 탐사에 나섰다가 UFO의 컴퓨터가 고장이 나고 말았다. 결국 외계인은 가까운 지구에 불시착할 수밖에 없었다. 외계인은 혼자서 UFO를 수리하려고 애썼으나 도무지 불가능하였다. 그래서 그는 도움을 받으려고 지구인의 모습으로 변장한 후, 이리 저리 찾아 나섰다. 그러다 지구인 한 사람을 만나게 되었다.

• • • • • • • • • • • • • •

외계인 실례합니다. 혹시 당신의 IQ가 얼마나 되는지 알 수 있을까요?

지구인 그런 건 알아서 뭐하게요? 250입니다만.

외계인 아, 그렇군요. 그러면 정말 잘 되었네요. 사실 저는 외계인인데 이리저리하여 지구에 불시착하게 되었습니다. 당신은 IQ가 250이나 되니 UFO의 컴퓨터 고장을 고쳐주실 수 있을 것 같군요.

지구인 글쎄요. 어디 UFO 구경이나 할까요?

지구인은 UFO에 올라 컴퓨터를 이리저리 살펴보더니, 고장의 원인이 회로의 불량 때문이라는 것을 찾아내었다. 지구인은 다시는 똑같은 고장이 나지 않도록 아예 회로를 새롭게 설계하여 컴퓨터를 고쳐주었다. 외계인은 연신 고맙다는 인사를 하며 자신의 은하계로 돌아갔다.

시간이 한참 흐른 후, 이 외계인이 또 우주탐사에 나섰는데 이번에는 UFO의 엔진고장으로 지구에 불시착하게 되었다. 외계인은 지난번처럼 지구인의 도움을 받기 위하여 여기저기 찾아 나섰다. 그러다 지구인 한 사람을 만나게 되었다.

외계인 실례합니다. 혹시 당신의 IQ가 얼마나 되는지 알 수 있을까요?

지구인 남의 IQ는 왜 묻소? 200이요.

외계인 아, 그렇군요. 그러면 정말 잘 되었네요. 사실 저는 외계인인데 이리저리하여 지구에 불시착하게 되었습니다. 도와주실 수 있을까요?

지구인 글쎄요. 자신은 없지만 한 번 볼까요.

지구인은 UFO의 엔진을 꼼꼼하게 살피더니 동력전달장치의 근본적인 결함이 고장의 원인이라는 것을 발견하였다. 그는 즉석에서 엔진을 개조하여 똑같은 고장이 또 나지 않도록 고쳐주었다. UFO는 지구인의 능력에 탄복하면서, 동료에게 이 사실을 꼭 전하겠다고 마음먹으며 자신의 은하계로 돌아갔다.

얼마간의 세월이 흐르고, 이 운 나쁜 외계인이 우주 탐사에 나섰다가 다시 지구에 불시착하게 되었다. 외계인은 지난번처럼 지구인의 도움을 받기 위하여 여기저기 찾아 나섰다. 그러다 지구인 한 사람을 만나게 되었다.

외계인 선생님. IQ가 얼마나 되시나요?

지구인 부끄러워서 말 못하겠는데… 60입니다.

외계인 아. 그렇군요. 그럼, 요새 삼성전자 주가가 얼마인지 잘 아시겠네요.

크크크. 왜 갑자기 삼성전자 주가 이야기가 튀어나오느냐고? IQ가 60이면 주식에 투자할 것이 틀림없기 때문이다.

물론 누군가가 지어낸 이야기이고, 웃자고 하는 말이겠지만 시사하는 바는 크다. 주식투자하는 사람들이 이처럼 '바보(IQ60 이라 하여 반드시 바보라고 말할 수도 없겠지만)'인 것은 당연히 아니다. 그럼에도 불구하고 외계인이 "주식투자는 바보나 하는 짓"이라는 생각을 하고 있다는 것은, 실제로도 그런 투자자들이 많다는 뜻이리라.

자신은 결코 바보가 아니라 매우 똑똑하다고 생각하면서도 정작 자신의 귀중한 재산을 아무런 생각 없이, 오로지 '운'을 바라고 주식에 덜컥 집어넣는 사람이 얼마나 많은가! 전설적인 펀드매니저 피터 린치는 "사람들이 냉장고 하나를 살 때에는 심사숙고를 거듭하면서 그것보다 훨씬 금액이 큰 주식은 즉흥적으로 투자한다"고 한탄하지 않았던가. 기술적 분석은 최소한 그런 '바보짓'을 면할 수 있는 기법이다.

봉차트
그리는 법

주식시장에서 주가의 움직임을 차트로 나타내는 방법은 다양하다. 몇 가지만 예를 들더라도 포인트 앤 피겨 차트(Point and Figure), 삼선전환도, 카기 차트, 스윙 차트 등이 있으며 그 외에도 수많은 차트 작성법이 개발되어 있다. 하지만 이 중에서 가장 널리 사용되는 차트는 캔들 차트(candle chart)라고도 불리는 봉차트이다.

봉차트는 일본에서 처음 개발되었는데 작성하는 방법은 비교적 간단하다. 정해진 기간 동안의 특정한 종목의 주가 움직임을 하나의 봉으로 표현하고 이 막대들을 시간 경과에 따라 옆으로 늘려놓으면 된다. 그리고 이처럼 봉차트를 만들면 그 차트를 통해서 우리는 종목의 시작가격(시가)과 마감가격(종가), 최고가격(고가)과 최저가격(저가) 등을 손쉽게 파악할 수 있다.

포인트 앤 피겨 차트는 가격 변동을 반영하지만 각 지점에서의 시간과 거래량을 표시하지는 않는다. 차트에서 X는 상승 가격 추세를 표시하고 O는 하강 가격 추세를 표시한다. 이 차트는 지지선 또는 저항선의 위치를 세밀하게 나타낸다는 장점이 있다.

삼선전환도는 주가가 상승에서 하락으로 또는 하락에서 상승으로 전환하는 시점을 포착하는 데 널리 활용되는 기법이다.

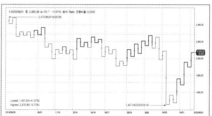

차트 2-1 ▶ 여러 가지 차트 주식시장에서 주가의 움직임을 차트로 나타내는 방법은 다양하다. 제일 왼쪽 위에서부터 시계방향으로 각각 봉차트, 포인트 앤 피겨 차트, 스윙 차트 그리고 삼선 전환도를 각각 나타낸 것이다.

그런데 말로는 "그리기 쉽다"라고 하지만 정작 자신이 직접 해보지 않으면 의외로 까다로운 법이다. 따라서 실제로 봉차트가 어떻게 그려지는지 찬찬히 알아보자.

▌ 분봉과 일봉, 그리고 주봉과 월봉

봉차트의 X축에는 시간이 표시되고 Y축에는 주가가 표시된다. 그리고 하나의 막대(봉)가 새롭게 완성될 때마다 각각의 봉 사이에는 시간

카기 차트는 1800년대 일본에서 곡물선물거래에 유용하게 사용되던 차트이다. 카기 차트는 가격의 움직임을 압축시켜 놓은 것이므로 시장상황에 대한 보다 넓은 시야를 제공할뿐만 아니라 시세의 장기전망도 보여준다.

스윙 차트는 시간개념을 무시한 가격위주의 지표로서 추세전환과 패턴의 변화를 파악하는데 용이한 차트이다. 그런데 가격만을 가지고 표현한 차트이기 때문에, 단지 선의 모양만 가지고는 단기매매에는 적용시키기 어려운 단점이 있다.

차트 2-2 ▶ 현대차의 월봉, 주봉, 일봉, 분봉 보는 관점에 따라서 추세도 다르게 나타난다. 현대차의 경우 월봉이나 주봉으로 보아서는 장기간의 하락추세가 이어지는 것으로 판단할 수 있다. 그러나 일봉으로는 바닥에서 회복하는 상승추세가 진행 중이며, 분봉으로도 역시 단기 상승추세가 전개되고 있다는 것을 확인할 수 있다.

이 경과했음을 의미한다. 예를 들어 매일 하루에 한 번씩 봉을 만들어나가면 일봉, 혹은 일간 차트(daily chart)가 된다. 그런데 꼭 하루에 하나씩 봉이 만들어지는 것은 아니다. '일정한 시간'에 하나씩의 봉이 만들어지기만 해도 훌륭한 봉차트이다.

앞서 설명하였듯 하루에 한 번씩 봉을 그려 가면 일봉이 되는데, 시간 간격을 좁혀서 차트에 한 시간에 하나씩 봉을 그려나간다면 시간 차트(hourly chart)가 될 것이다. 물론 시간 간격을 더 좁힐 수도 있는데 5분 간격으로 봉을 하나씩 그려갈 수도 있고, 또는 10분 단위나 30분 단위의 차트도 물론 가능하다. 이럴 경우 통상 5분봉, 10분봉 혹은 30분봉 등으로 부른다.

이번에는 시간 간격을 훌쩍 넓힐 수도 있다. 일주일에 한 번씩 봉이 만들어지는 주간 차트(weekly chart), 한 달에 하나의 봉이 만들어지는 월간 차트(monthly chart) 등도 그릴 수 있을 터. 분 단위로 작성되는 차트를 분봉이라고 불렀듯 주간 차트를 주봉, 월간 차트를 월봉이라는 약칭으로 각각 부른다.

차트를 작성하는 기간을 각각 달리 하는 것은 보는 시야가 다르기 때문이다. 초단기의 미세한 움직임을 관찰하는 데에는 당연히 5분봉, 10분봉 등의 짧은 주기의 봉차트가 편리하고, 반대로 장기간의 큰 흐름을 분석하기에는 월봉이나 주봉을 보는 것이 효과적이다.

▌ 봉차트 그리는 법

그렇다면 본격적으로 봉차트 그리는 법을 살펴보자. 편의를 위해 일봉을 예로 들어본다. 실제로 주식시장에서는 분봉이나 주봉, 혹은 월봉도 보긴 한다. 하지만, 대부분의 투자자들이 매일 참고하는 차트는 역시 일봉이다. 일봉이야말로 기본의 기본이므로 잘 알아둘 필요가 있다. 일봉을 그릴 수 있다면, 주봉과 월봉, 분봉을 그리는 법이나 원리는 일봉과 같으므로 쉽게 이해할 수 있다.

봉차트에서 하나의 봉은 몸통과 꼬리로 구성된다. 이때 몸통은 직사각형 모양으로 만들어지는데, 이를 구성하는 것은 시가와 종가이다. 그리고 몸통의 위에 달려 있는 가느다란 선의 끝 지점이 장중의 고가가 되며, 반대로 아래의 가는 선 끝 지점이 저가가 된다. 이렇듯 하나의 봉은 각각 시가, 종가, 저가, 고가의 네 가지 가격 요소로 구성된다. 이해를 돕기 위하여 가상의 사례를 가지고

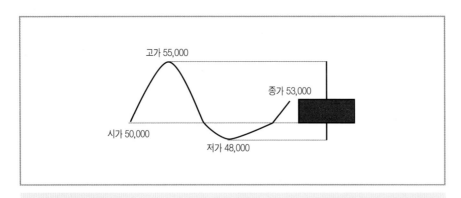

봉차트를 만들어보자.

가령 어떤 종목의 주가가 아침의 시가 5만 원(시가)으로 출발하여 장중 5만 5천 원(고가)까지 치솟았다가, 이후 슬슬 하락하여 4만 8천 원(저가)까지 밀린 후, 반등하는 데 성공하여 결국 5만 3천 원(종가)으로 마감되었다고 가정하자. 이럴 때 하루 동안의 주가 움직임을 일봉으로 나타내어 본다.

우선 몸통부터 그린다. 몸통은 하루 중의 시가와 종가를 이용해서 만든다. 하루 중의 시가 5만 원과 종가 5만 3천 원을 연결하는 직사각형의 봉으로 만들면 그것이 바로 몸통이 된다. 다음으로는 꼬리를 그릴 순서. 하루 중 가장 높았던 가격인 고가 5만 5천 원과 몸통을 연결하는 꼬리를 몸통의 위에 붙이고, 반대로 하루 중 가장 낮았던 가격인 저가 4만 8천 원과 몸통을 연결하는 꼬리를 몸통의 아래에 붙이면 된다. 이것으로 오늘의 봉, 즉 일봉이 완성되었다. 그리고 하루가 지나 내일이 되면 앞에서 설명한 방법을 반복하는 것이다. 이렇게 하루하루의 봉차트가 쌓여나가면 결국 일봉차트가 만들어진다. 분봉이나 주봉 혹은 월봉도 요령은 같다. 봉이 만들어지는 간격만 달라질 따름이다.

▌양봉과 음봉

봉차트에서 각각의 몸통은 어떤 경우 긴 직사각형으로 나타나고, 또 어떤 경우는 짧은 직사각형으로 나타나는 등 여러 가지 사각의 모양이 된다. 이것은 시가와 종가 사이의 거래 범위가 다르기 때문이다. 예를 들어 시가와 종가의 간격이 클수록 몸통도 그만큼 긴 직사각형이 될 것이다.

그런데 어느 날은 하루 종일 주가가 상승하여 시가가 종가보다 높을 수도 있고, 또 어떤 날은 주가가 하루 종일 내내 하락하여 그날의 종가가 시가보다

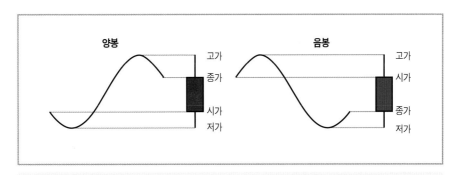

차트 2-4 ▶ **양봉과 음봉**   시가에 비해 종가가 높으면, 봉의 색을 밝게 나타내고 양봉(陽棒, white candle) 이라고 말한다. 반대로 종가가 시가보다 낮으면 봉은 색을 어둡게 나타내고 음봉 (陰棒, black candle) 이라고 말한다. 일반적으로 양봉은 붉은색으로 표시하고, 음봉은 푸른색으로 표시한다.

낮을 수도 있다. 말하자면 종가가 시가보다 높거나, 종가가 시가보다 낮은 두 가지 경우 중 하나가 될 것이다. 그러면 이것을 어떻게 표현할까? 차트의 여백 이나 몸통의 옆에다가 시가나 종가를 따로 표시하는 방법을 생각해 볼 수 있 지만 별로 바람직하지 않다. 차트가 지저분해지는데다 매일같이 차트에다 깨 알 같은 글씨로 표시를 해야 되기 때문.

그런데 오래 전 봉차트를 발명한 선인들은 몸통의 색을 달리하여 시가와 종가의 위치를 표시하는 법을 고안해냈다. 시가에 비해 종가가 높을 때, 즉 하 루종일 주가 흐름이 상승세였다면 봉의 색을 밝게 나타낸다. 이것을 양봉(陽 棒, white candle) 또는 양선이라고 말한다. 반대로 종가가 시가보다 낮게 형성 되어 하루 종일 주가 흐름이 하락세였다면 그날의 봉은 색을 어둡게 나타낸다. 이것을 음봉(陰棒, black candle) 또는 음선이라고 말한다.

오래 전에는 양봉과 음봉을 각각 흰색과 검은색으로 구분해 흑백 차트로 나타냈지만 요즘에야 색깔을 이용하여 봉을 표시한다. 일반적으로 양봉은 붉 은색, 음봉은 푸른색으로 나타낸다.

1분 | 질 | 문

봉차트에서 양봉과 음봉이란 무엇인가?
시가에 비하여 종가가 높을 경우 양봉, 시가에 비하여 종가가 낮으면 음봉이 된다.

봉차트의
종류와 의미

봉차트는 앞서 시가-종가-고가-저가의 네 가격을 기본으로 하여 몸통과 꼬리로 나타낸다고 하였다. 그런데 실제로 그려보면 봉차트에 몸통이나 꼬리가 달려 있지 않은 형태가 되기도 한다. 어떤 경우에는 윗꼬리나 아래꼬리 중에서 어느 한쪽이 달리지 않을 수도 있고, 혹은 두 꼬리 모두 아예 달리지 않을 수도 있다. 심지어 어떤 경우는 몸통 없이 꼬리만으로 봉이 만들어지는 일도 나타난다. 게다가 가장 극단적인 경우는 몸통도, 꼬리도 없는 것인데 이것도 물론 가능하다. 그렇다면 대체 어떤 상황에서 몸통 혹은 꼬리의 요소가 빠진 채 봉차트의 모양이 만들어질까?

▮ 몸통과 꼬리가 모두 있는 봉

가장 전형적인 형태의 봉차트이다. 하루 중에 시가, 고가, 저가, 종가가 모두 다른 경우에는 몸통에 위, 아래 꼬리가 각각 달린 형태의 봉이 만들어진다. 그런

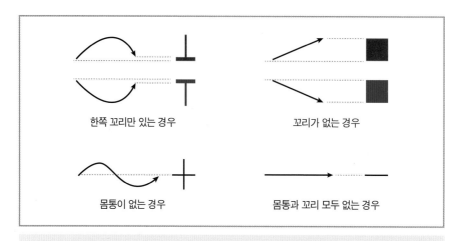

| 한쪽 꼬리만 있는 경우 | 꼬리가 없는 경우 |
| 몸통이 없는 경우 | 몸통과 꼬리 모두 없는 경우 |

차트 2-5 ▶ 봉차트의 여러 형태(1) 봉차트에 몸통과 아래꼬리, 윗꼬리가 모두 완벽하게 붙어 있지 않는 경우도 많다. 한쪽 꼬리만 있기도 하고, 꼬리가 전혀 없을 수도 있으며, 몸통이 없을 수도 있고, 심지어 꼬리가 몸통이 전혀 없는 점 하나로 나타나는 경우도 있다.

데 현실에서는 이처럼 완벽한 형태의 봉도 물론 많지만 오히려 몸통이건 꼬리건 하나씩 없는 봉이 더 많이 나타난다.

▌ 몸통만 있고 꼬리가 없는 봉

몸통에 꼬리가 없는 봉은 그날의 시가나 종가가 그날의 고점이나 저점과 일치하는 경우에 나타난다. 예를 들어 어떤 종목의 주가가 아침의 시가 5만 원으로 출발해서 장중에 내내 상승세를 거듭하다 결국 5만 5천 원의 장중 최고점에서 종가가 결정되었다고 하자. 이럴 경우라면, 시가와 저가가 5만 원으로 같고, 종가와 고가가 5만 5천 원으로 역시 같으므로 위, 아래꼬리는 나타나지 않은 채 몸통만으로 봉차트가 그려진다.

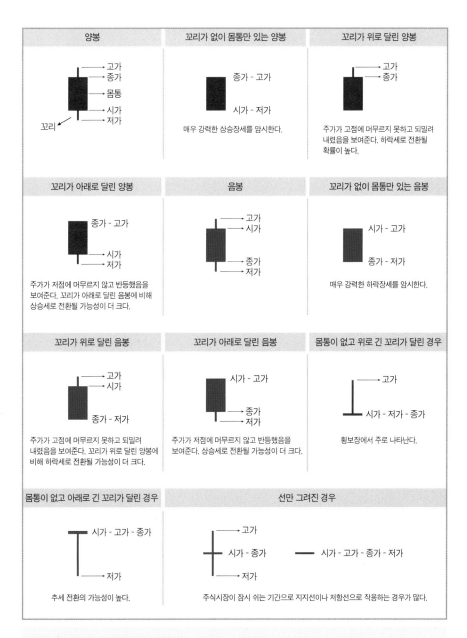

양봉	꼬리가 없이 몸통만 있는 양봉	꼬리가 위로 달린 양봉
고가 종가 몸통 시가 저가 꼬리	종가 - 고가 시가 - 저가 매우 강력한 상승장세를 암시한다.	고가 종가 주가가 고점에 머무르지 못하고 되밀려 내렸음을 보여준다. 하락세로 전환될 확률이 높다.
꼬리가 아래로 달린 양봉	음봉	꼬리가 없이 몸통만 있는 음봉
종가 - 고가 시가 저가 주가가 저점에 머무르지 않고 반등했음을 보여준다. 꼬리가 아래로 달린 음봉에 비해 상승세로 전환될 가능성이 더 크다.	고가 시가 종가 저가	시가 - 고가 종가 - 저가 매우 강력한 하락장세를 암시한다.
꼬리가 위로 달린 음봉	꼬리가 아래로 달린 음봉	몸통이 없고 위로 긴 꼬리가 달린 경우
고가 시가 종가 - 저가 주가가 고점에 머무르지 못하고 되밀려 내렸음을 보여준다. 꼬리가 위로 달린 양봉에 비해 하락세로 전환될 가능성이 더 크다.	시가 - 고가 종가 저가 주가가 저점에 머무르지 않고 반등했음을 보여준다. 상승세로 전환될 가능성이 더 크다.	고가 시가 - 저가 - 종가 횡보장에서 주로 나타난다.

몸통이 없고 아래로 긴 꼬리가 달린 경우	선만 그려진 경우
시가 - 고가 - 종가 저가 추세 전환의 가능성이 높다.	고가 시가 - 종가 시가 - 고가 - 종가 - 저가 저가 주식시장이 잠시 쉬는 기간으로 지지선이나 저항선으로 작용하는 경우가 많다.

차트 2-6 ▶ 봉차트의 여러 형태(2)

▍ 몸통이 없고 꼬리만 있는 봉

몸통은 시가와 종가로 만들어진다. 그런데 시가와 종가가 똑같으면 봉차트의 모양은 어떻게 될까? 이때에는 몸통이 그려지지 않고 선으로 나타난다. 가령 시가와 종가가 같은 5만 원이고, 고가가 5만 5천 원, 저가가 4만 8천 원이라고 한다면 몸통이 없고 아래, 위로 고가와 저가의 꼬리만 달린 모습이 된다.

▍ 몸통도 없고 꼬리도 없는 봉

마지막으로 극단적인 경우이다. 몸통도 없고 꼬리도 없는 봉차트 역시 가능하다. 예를 들어 어떤 종목의 주가가 너무나 호재가 강력하였던 나머지 아침의 시가부터 일찌감치 상한가로 출발해서 하루 종일 장중에 단 한 차례도 상한가에서 흔들리지 않고 종가 역시 상한가로 결정되었다고 하자. 이때는 시가=저가=종가=고가이므로 봉차트는 몸통과 위, 아래꼬리 없이 점 하나만으로 봉차트 그려진다. 혹은 반대의 경우도 가능하다. 엄청난 악재가 알려지면서 아침의 시가부터 하한가로 출발하여 하루 종일 하한가에서 꼼짝하지 않았다면 역시 몸통이나 꼬리가 없이 점 하나만으로 봉차트가 그려진다.

1분 | 질 | 문

하루 중의 시가, 고가, 저가, 종가가 모두 같다면 봉차트의 모양은 어떻게 나타나는가?
몸통이나 꼬리가 없이 점 하나만으로 봉차트가 그려진다.

봉차트에 담긴 비밀

지금부터가 관건이다. 봉차트를 그럭저럭 그릴 수는 있는데 그걸 해석할 줄 모르다면 속된 말로 '말짱 꽝'이다. 차트를 그저 멋있으라고, 혹은 남들 보기 좋으라고 그리는 것은 아니지 않은가. 사실은 봉차트를 찬찬히 뜯어보면 그 안에는 많은 비밀이 숨어있다는 것을 발견할 수 있다. 그 비밀이 투자자의 눈에 들어온다면 의당 성공은 보장될 것이다. 하지만, 봉차트를 겉으로만 훑어보고 만다면 차라리 봉차트를 보지 않는 것보다 못하다. 그 시간에 다른 일을 하는 것이 더 낫지 않겠나. 여러 형태의 봉차트가 어떤 의미를 가지고 있고, 또한 어떤 비밀이 숨어있는지 따져보자.

▌봉의 색깔이 담고 있는 의미

봉차트의 의미를 알기 위해서는 먼저 봉차트의 색깔이 무엇을 의미하는지 알아야 한다. 앞서 설명하였듯이 봉차트는 시가에 비해 종가가 높은 경우 몸통을 붉은색으로(양봉) 나타내고, 반대로 시가보다 종가가 낮으면 몸통을 푸른색으로(음봉) 표시한다. 따라서 시각적으로 양봉이 그려졌다면 그날의 주가 흐름이 상승세였고, 음봉이 그려졌다면 하루 중의 가격 흐름이 하락세였음을 알 수 있다. 이처럼 봉 색깔의 구분만으로도 주가 흐름을 쉽게 파악할 수 있다.

또한 이런 흐름이 하루에 그치지 않고, 며칠 내내 같은 색깔의 봉차트가 이어지고 있다면, 그 시점의 추세는 더욱 강력하다는 추론도 가능해진다. 예를 들어 며칠 동안 계속해서 양봉이 만들어지고 있다면 현재 강력한 상승세가 이어지고 있다는 것을 알 수 있다.

> 반대로 음봉이 내내 이어지고 있다면 현재 강력한 하락세라고 판단할 수 있겠다.

그렇다면 이처럼 현재 추세가 강력한 상승세로 판단될 때, 즉 양봉이 연이어 나타날 때에는 주식을 사야 할까? 그렇지 않고 지금은 주가가 너무 많이 오르고 있으니 좀 쉬었다 나중에 주식을 사는 것이 옳을까?

물론 주식시장에서는 어떤 경우이든 100퍼센트 들어맞는 원칙이란 존재하지 않는다. 하지만 성공할 확률이 높은 전략은 존재한다. 그렇다면 이처럼 상승추세로 판단될 때의 전략은 어떻게 해야 하나? 당연히 매수하는 쪽으로 잡아야 옳다. 왜냐하면 현재 추세가 상승세라는 것은 앞으로도 상승세가 이어질 가능성이 높기 때문이다. 관성의 법칙을 기억하는가? 한번 만들어진 추세는 계속해서 그 방향으로 이어가려고 한다고 했다. 따라서 추세가 상승세일 때 즉각 매수하지 않고 주가가 하락할 때까지 기다려서 매수하겠다고 시점을 늦추는 건 좋은 전략이 아니다. 상승세가 더 이어질 확률이 높으므로 매수시기를 늦추었다가는 자칫 매수하지도 못한 채 날아가는 주가를 멍하니 구경해야 할 가능성이 높다.

아래의 차트는 현대자동차의 차트인데. 양봉이 연이어 나타나는 11월 중순 이후에는 적극적으로 매수하는 전략이 옳았다는 것을 쉽게 알 수 있다. 혹은 상승추세일 때 오히려 주가가 많이 올랐다는 이유로 매도하는 것 역시 좋지 않은 전략이다. 물론 수익을 챙기기 위해 서둘러 주식을 팔고 싶은 것이 투자자들의 심리이긴 하다. 하지만 상승세임에도 불구하고 성급하게 매도한다면 수익이 더 날 수 있는 기회를 스스로 차버리는 결과가 되기 십상. 이럴 때에는 조금 더 느긋하게 기다리는 자세가 필요하다.

현대자동차의 차트를 살피면 13만 7천 원까지 올랐던 9월 이후 음봉이 연이어 나타나고 있다. 양봉이 연이어 나타나면 강력한 상승추세라고 하였듯 음봉이 연이어 나타난다면 의당 강력한 하락추세라고 판단하여야 한다. 주가가

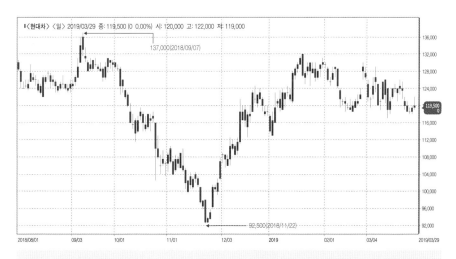

차트 2-7 ▶ **양봉과 음봉의 의미**   현대자동차의 차트에서 알 수 있듯이 음봉이 연이어 나타나면 강력한 하락추세이고, 반대로 양봉이 연이어 나타난다면 강력한 상승추세라고 판단하여야 한다.

많이 하락하고 싸졌으니 매수할 기회일까? 아니다. 전혀 그렇지 않다. 차트에서 알 수 있듯이 하락추세일 때에는 얼른 주식을 팔고 시장에서 빠져나와야 한다. 그래야 더 큰 손해를 막을 수 있다.

이처럼 봉차트의 색깔만 보아도 추세의 무게중심이 어디로 옮겨져 있는지를 쉽게 판단할 수 있다.

▍몸통의 길이가 담고 있는 의미

몸통의 길이에도 주목해야 한다. 봉차트의 몸통에는 엄청난 비밀이 숨겨져 있다. 일단 몸통의 길이가 길게 나타난다면 어떻게 해석해야 할까? 몸통은 시가와 종가로 만들어지는 것이므로 그게 길다는 것은 결국 시가와 종가의 간격이 멀다는 뜻이다. 거꾸로 몸통의 길이가 짧을수록 시가와 종가의 차이는 크지 않다는 뜻.

그렇다면 몸통의 길이, 즉 시가와 종가의 간격은 무엇을 의미할까? 그것은 매수세와 매도세 간의 다툼에서 어느 쪽이 더 강력한지 알려주는 척도가 된다. 비유한다면 몸통의 길이는 마치 축구 경기에서 양 팀의 점수 차와 같은 이치이다. 예컨대 영국의 프리미어리그 정상권 팀인 맨체스터 유나이티드가 우리나라의 중학교 축구팀과 경기를 벌인다면 아마도 10대 0 혹은 그 이상의 점수 차가 날 것이다. 하지만 맨체스터 유나이티드가 손흥민 선수의 토트넘 핫스퍼와 경기를 벌인다면 경기 내용은 박진감이 넘칠 것이고, 점수 차도 크게 벌어지지 않으리라 예상할 수 있다.

주식시장으로 돌아가서 생각하자. 시장에서 주식을 사들이려는 매수세가

249,000(2019/12/18)

133,000(2020/03/23)

164,500
+2,17%
▲3,500

2019/10/10   11/01   12/02   2020   02/03   03/02   04/01   2020/04/09

차트 2-8 ▶ 봉차트에서 몸통의 길이 봉차트에서는 몸통의 길이가 향후 추세를 판단하는 데에 많은 시사점을 주고 있다. 몸통의 길이가 길수록 추세가 더욱 강력해진다는 알 수 있다. 차트에서는 음봉의 몸통이 길게 만들어진 이후 되레 하락세가 더 강해졌다. 한편 몸통의 길이가 짧을 때 종종 추세의 전환이 나타난다는 사실도 확인된다.

강력하면 주가가 오르고, 팔아버리려는 매도세가 강력하면 주가가 하락한다는 것은 당연한 말이다. 투자자들은 매수세가 강력한지 아니면 매도세가 강력한지 살펴서 주가가 앞으로 오를지 내릴지 예측할 수 있다. 이처럼 매수세와 매도세 간의 힘겨루기는 장중 내내 이어진다. 그런데 어느 날 봉차트가 긴 양봉으로 나타났다고 하자. 이것은 결국 하루 종일 매수세가 강력하였다는 뜻이다. 그렇기에 종가가 시가보다 훨씬 높게 형성되었고, 결과적으로 봉차트의 몸통 길이가 길게 나타난 것이다. 반대로 어느 날의 봉차트는 몸통의 길이가 긴 음봉으로 만들어졌다면 하루 종일 매도세가 강력하였다는 뜻이 된다. 몸통의 길이가 길수록 매수세 혹은 매도세 어느 한쪽이 압도적으로 힘이 셌다는 의미.

그리고 매수세가 강하다면 향후 주가는 당연히 더 상승할 가능성이 높고, 반대로 매도세가 강하다면 향후 주가는 당연히 더 하락할 가능성이 높다고 판단해야 한다.

여기까지 이해하였다면 거꾸로 몸통길이가 짧을 때 그게 어떤 의미인지 쉽게 알 수 있겠다. 몸통의 길이란 이를테면 매수세와 매도세간의 힘겨루기 결과이므로, 몸통의 길이가 짧거나 심지어 시가와 종가가 같아서 몸통이 아예 없다면 매수세와 매도세 간의 균형이 팽팽하다고 판단해야 한다. 앞서 예로 들었듯 맨체스터 유나이티드와 토트넘 핫스퍼의 경기와 같다고 해석된다. 이런 상황에서는 언제라도 균형이 뒤집어질 가능성이 존재한다. 설령 이번에 맨체스터 유나이티드가 이겼다고 하여 다음에 또 이긴다는 보장은 없다. 토트넘 핫스퍼가 언제라도 이길 수 있다.

따라서 몸통의 길이가 짧게 나타나면 주가의 방향에 좀 더 유의해야 한다. 일반적으로 추세가 전환되는 시기에는 항상 매수세와 매도세 간의 균형이 팽팽해지는 법. 그 이전에 매수세이건 매도세 어느 한쪽이 일방적으로 우세했다면 주가가 계속해서 그 방향으로 오르거나(매수세 우세할 때) 내릴 수(매도세가 우세할 때)밖에 없었다. 그러나 어느 정도 추세가 진행되고 그동안 시장을 지배하던 세력의 힘이 점점 떨어지기 시작하면 매수세와 매도세 간의 균형이 이루어진다. 균형 상태가 한동안 이어지면 그때부터는 되레 그동안 내내 밀리기만 하였던 반대세력이 슬슬 힘을 내면서 국면을 장악하는 시기로 전환된다. 결국 추세가 뒤바뀌는 결과가 된다.

▌ 꼬리의 길이와 방향성

봉차트에서는 몸통에 달려 있는 윗 꼬리와 아래 꼬리 중에서 어느 쪽이 더 길고 짧은지도 잘 살펴야 한다. 왜냐하면 몸통의 꼬리가 어느 방향으로 얼마나 길고 짧게 그려졌는지에 따라 매도세와 매수세가 강력한지 약한지 여부를 알 수 있기 때문이다.

일단 아래 꼬리가 길게 나타나는 경우를 분석해 보자. 몸통 아래로 그려진 꼬리는 몸통으로부터 장중의 저점까지를 연결한 직선이다. 강조하지만 이 꼬리의 끝은 장중의 저점이지 종가는 아니다. 종가는 몸통으로 만들어진다. 따라서 아래쪽으로 꼬리가 길다는 것은 주가가 장중에는 꽤 큰 폭으로 하락했지만 그날 중에 거의 다 회복하여 종가로 마감되었다는 것을 뜻한다.

예를 들어 어떤 종목의 주가가 시가 5만 원으로 출발해서 장중에 4만 5천 원까지 밀렸지만 장중에 하락폭을 만회하여 4만 9천 5백 원으로 마감되었다고 하자. 이 경우라면 봉차트에는 저가 4만 5천 원에서 종가 4만 9천 5백 원 사이에 긴 아래 꼬리가 달린다. 이처럼 아래 꼬리가 길게 나타난다면 그만큼 장중 움직임에서 매수세가 강력했다는 뜻으로 해석해야 한다. 그렇지 않고 매수세가 강력하지 못했다면 주가가 저점에서 그처럼 크게 회복하지 못했을 테고, 그 결과 꼬리도 그려지지 않았을 것이다.

앞서 든 예에서 그날의 시가는 5만 원 그대로이고 장중 저점인 4만 5천 원에서 주가가 회복하지 못하여 종가가 장중 저점인 4만 5천 원으로 형성되었다고 하자. 이럴 때는 봉차트에서 아래 꼬리가 나타나기는커녕 시가 5만 원에 종가 4만 5천 원으로 만들어지는 긴 음봉이 되었을 터. 결국 아래에 긴 꼬리가 달릴수록 그

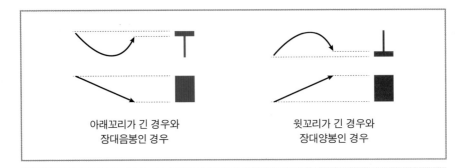

아래꼬리가 긴 경우와
장대음봉인 경우

윗꼬리가 긴 경우와
장대양봉인 경우

차트 2-9 ▶ 꼬리가 길 때와 없을 때 봉차트에서 아래꼬리가 길게 만들어지면 장중 하락폭을 거의 다 만회하였다는 것이고 반대로 윗꼬리가 길게 만들어지면 장중 상승폭이 거의 다 상실하였다는 것을 뜻한다. 긴 아래꼬리는 막강한 매수세력의 존재를, 반면 긴 위 꼬리는 강력한 매도세력의 존재를 의미한다. 매수세력이 없었다면 꼬리가 달리지 않은 장대음봉으로 나타났을 것이며, 매도세력이 없었다면 꼬리가 달리지 않은 장대양봉으로 나타났을 것이다.

만큼 주가가 바닥에서 회복하는 힘이 강력하고, 따라서 매수세가 막강하다는 것을 알 수 있다. 반대로 아래 꼬리가 짧을수록 매수세의 힘이 약해졌다고 해석된다.

윗꼬리가 길게 달리는 경우는 어떨까? 아래꼬리와는 거꾸로 해석하면 된다. 몸통의 위쪽으로 윗꼬리가 길게 그려진다면 그만큼 매도세가 강력하다는 뜻. 혹은 위쪽으로 꼬리가 짧게 나타나는 정도라면 매도세가 그다지 강하지 않다는 것으로 해석된다. 이처럼 아래꼬리 혹은 윗꼬리의 길이를 잘 살피면 현재의 시장에서 매수세가 강력한지 아니면 매도세가 강력한지 쉽게 알 수 있다.

 1분 | 질 | 문

어떤 날의 봉차트에는 몸통의 윗쪽으로 긴 꼬리가 그려졌다. 어떻게 해석해야 할까?
매도세가 강력하다는 뜻이므로 이후 주가가 하락할 가능성이 높다.

봉차트 패턴에
주가의 앞날이 있다

봉차트는 주가 움직임을 기록해 놓은 것이다. 따라서 하나의 봉차트라도 그 안에는 매수세와 매도세 간 균형, 추세, 주가의 흐름 등이 다 담겨있다. 그런데 하나의 봉이 아니라 몇 개의 봉을 모아서 분석한다면 어떨까? 여러 개의 봉이 집합적으로 만들어내는 모양에서 시장의 균형과 추세의 흐름을 더 정확히 판단할 수 있을 것이다. 이때 여러 개의 봉이 모여서 만들어내는 특정한 모양을 '패턴(pattern)'이라고 한다.

그런데 패턴은 봉이 단순하게 모인 것만을 뜻하지 않는다. 패턴이 되려면 첫째, 그 모양을 토대로 향후의 주가 움직임을 예측할 수 있어야 하며, 둘째, 반복되어야 한다는 조건도 충족해야 한다. 앞 장에서 기술적 분석기법의 여러 갈래를 설명하였는데, 그때 패턴을 옷 만드는데 사용하는 '옷본'으로 비유한 바 있다. 옷본이 있으면 이것으로 어떤 옷이 만들어질지 예측할 수 있다. 또한 옷본은 한 번만 쓰고 버리는 것이 아니다. 같은 디자인의 옷을 만들기 위하여 반복하여 사용한다. 봉차트의 패턴도 같다. 앞날을 예측할 수 있고, 반복되어야 패턴이다.

패턴의 특징을 고려할 때, 현재의 주가 움직임이 만드는 패턴이 무엇인지 알아내기만 하면, 미래의 움직임은 이 패턴이 과거에 만들어진 움직임과 같을 것이라 예측할 수 있다. 비유로 설명하였듯이 예컨대 과거 수십 년 동안 차트에서 주가가 '곰발바닥' 모양을 만들기만 하면 어김없이 급격하게 하락했다고 하자. 그러면 이게 '패턴'이 되는 것이다(물론 곰발바닥 패턴이라는 것은 현실에는 없다). 그리고 현재의 주가 움직임에서 똑같은 곰발바닥 모양을 접하였다면 우리는 과거에 그랬듯이 이번에도 주가가 또 크게 추락할 것이라고 예측할 수 있다.

▌ 반전형 패턴

패턴에는 반전형과 지속형의 두 가지 종류가 있다. 반전형 패턴(reversal pattern)이란 말 그대로 그 패턴을 전후하여 주가 흐름이 정반대로 뒤바뀌는 것을 말하고, 지속형 패턴(continuation pattern)이란 그 패턴이 나타난 이전과 이후의 주가 움직임 방향이 같아서 패턴 이후에도 주가 흐름이 계속 이어지는 것을 말한다.

봉차트에는 반전형으로 분류되는 패턴이 압도적으로 많은 반면에 지속형은 많지 않다. 왜냐하면 반전형은 추세가 뒤바뀌는 시점에 나타나는 특정한 모양이므로 과거의 사례에서 쉽게 눈에 띄지만, 지속형은 패턴 전후에 추세가 바뀌지 않으니 발견하기 어려운데다 주가 흐름도 바뀌지 않는데 군이 패턴을 찾아 분석할 필요가 크지 않기 때문이다. 결국 이 책에서도 반전형 패턴을 위주

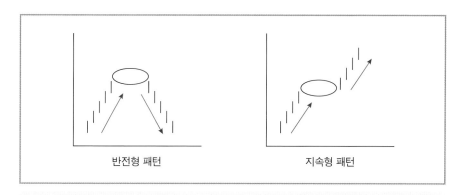

차트 2-10 ▶ 반전형 패턴과 지속형 패턴 반전형 패턴(reversal pattern)이란 그 패턴을 전후하여 주가 흐름이 정반대로 뒤바뀌는 것을 말하고, 지속형 패턴(continuation pattern)이란 그 패턴이 나타난 이전과 이후의 주가 움직임 방향이 같아서 패턴 이후에도 주가 흐름이 계속 이어지는 것을 말한다.

로 설명할 수밖에 없다.

일반적으로 반전형 패턴에 속하는 모양으로는 샛별형, 우산형, 장악형 등이 있다. 물론 억지로라도 이름을 붙인다면 더 많은 패턴이 있을 수 있다. 그러나 모든 패턴을 다 알고 있기란 현실적으로 불가능하며 또한 다른 패턴은 상대적으로 발생빈도수가 낮다. 그러므로 효율성을 따진다면 빈번하게 나타나는 대표적인 패턴들만 중점적으로 알아두는 편이 좋겠다.

▍샛별형 패턴

샛별형은 몸통이 작고, 위쪽이나 아래쪽 꼬리의 길이가 짧은 모양이다. 봉차트에서 위, 아래꼬리가 짧다는 것은 시장에서 매수세와 매도세간의 균형이 팽팽

하다는 것을 뜻한다. 따라서 특히 이 패턴이 오랜 상승추세 혹은 하락추세의
끝에 나타나면 추세 전환을 예고하는 강력한 신호로 간주된다. 반전형 패턴이
므로 상승추세의 막바지에 나타나는 샛별은 이제 상승추세는 끝났고 하락추
세가 시작될 것이라는 신호로 간주된다. 물론 하락추세의 막바지에 나타나는
샛별은 하락추세가 끝났고 상승추세가 시작될 것이라는 신호로 간주된다. 그

래서 상승추세의 끝자락에 나타나는 샛별을 '저
녁별(evening star)', 반대로 하락추세의 막바지에
나타나는 샛별을 '새벽별(morning star)'이라 부
른다.

특히 샛별형 중에 시가와 종가가 거의 차이가 없을 정도로 같아서 봉차트
의 몸통이 매우 작게 형성되어 마치 열 십(十)자와 같은 모양을 갖는 패턴을

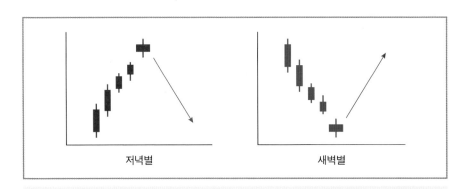

차트 2-11 ▶ 샛별형 패턴 샛별형 패턴은 몸통이 작고, 위쪽이나 아래쪽 꼬리의 길이가 짧은 모양이다. 봉차트에서 위, 아래꼬리가 짧다는 것은 시장에서 매수세와 매도세간의 균형이 팽팽하다는 것을 뜻한다. 따라서 상승추세 혹은 하락추세의 막바지에 샛별형이 나타나면 강력한 추세전환 신호로 간주된다.

86

차트 2-12 ▶ 샛별형 패턴의 실제 사례   세코닉스의 차트에서 샛별형(원으로 표시하였다)이 나타날 때마다 추세가 전환되었음을 확인할 수 있다.

'도지(doji)'라고 부른다. 도지는 시가와 종가가 같으니 그만큼 매수세와 매도세가 팽팽하게 균형을 이루는 상황을 보여주며, 따라서 추세 전환의 시작점이 될 가능성이 상당히 크다.

▌우산형 패턴

우산형은 마치 우산처럼 몸통이 작고 아래로 긴 꼬리가 달린 패턴이다. 굳이 세분한다면 우산형 중에서도 상승추세 끝에 나타나는 것을 교수형(hanging man), 하락추세 끝에 나타나는 것을 해머(hammer)라고 한다. 그리고 상승추세의 막바지에 나타나는 것은 같지만, 형태에서 꼬리가 우산형과 반대방향인 윗쪽으로 형성되는 것을 특히 유성형(shooting star)이라고 부른다.

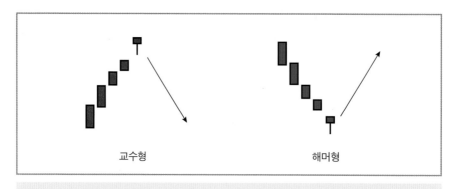

차트 2-13 ▶ 교수형과 해머형　우산형 중에서도 상승추세 끝에 나타나는 것을 교수형(hanging man), 하락추세 끝에 나타나는 것을 해머형(hammer)이라고 한다.

　우산형 패턴의 특징이라면 꼬리가 길고, 몸통이 작다는 것이다. 봉차트에서 꼬리의 길이가 길면 길수록 매수세 또는 매도세의 저항이 완강하여 일방적으로 밀리지 않았다는 의미가 된다. 꼬리가 아래로 길게 달렸다면 매수세가 강력하여 장중 저점에서부터 주가가 크게 회복하여 마감되었음을 뜻하며, 반대로 꼬리가 위로 길게 달렸다면 매도세가 강력하여 장중 고점에서부터 주가가 크게 하락하여 마감되었음을 뜻한다. 또한 몸통의 길이가 작다는 것은 매수세와 매도세 간의 균형이 팽팽해졌음을 의미한다.

　현실에서 중요한 것은 패턴의 이름이 아니다. 그 패턴이 나타났을 때 그것이 어떤 신호인지, 주식을 사야 할 시기인지 팔아야 할 시기인지를 아는 것이 관건이다. 예를 들어 하락추세의 막바지에 우산형이 나타났다고 한다면 그게 어떤 의미일까 생각해보자. 하락추세 끝에 나타났으니 당연히 지금까지 주가는 계속 하락추세였던 터. 매수세는 매도세에 눌려 전혀 힘을 쓰지 못했다. 그

차트 2-14 ▶ 우산형 패턴의 실제 사례 네오위즈의 차트에서 확인할 수 있듯이 우산형이 나타날 때마다 추세전환이 이루어졌다.

런데 우산형 패턴이 나타났다면 매수세와 매도세 간 균형상태라고 해석된다. 결국 지금까지 이어지던 매도세의 일방적인 우위는 마무리되었고, 매수-매도 세간 팽팽한 균형상태가 되었다. 그렇다면 이후 어떤 상태가 될까?

알아보기 쉽게 수식으로 나타내보자. 이전까지 매수세 < 매도세 상태였으나, 지금은 매수세 = 매도세 상태이다. 다음 순서는 결국 매수세 > 매도세의 상태일 터. 매수세가 힘의 우위를 찾게 된다면 주가는 오를 수밖에 없다. 따라서 하락추세의 끝에 나타나는 우산형은 하락추세가 끝나고 곧 상승추세로 전환될 것이라는 신호이다. 당연히 매수신호로 간주해야 한다.

▌ 장악형 패턴

장악(engulfing)형은 2일간의 봉차트로 만들어진다. 이럴 때 장악이라는 말 그대로 둘째 날의 봉차트가 첫날의 봉차트를 완벽하게 압도한 형태이다. 그러려면 둘째 날 봉차트의 몸통 크기가 첫날 봉차트의 몸통보다 커야 하고, 또한 장중 저점이나 고점도 모두 첫날을 압도해야 한다. 그리고 장악형은 반전패턴이므로, 패턴을 전후하여 추세가 바뀌려면 의당 첫날과 둘째 날의 봉차트 색깔이 정반대가 되어야 한다. 만일 첫날의 봉차트가 양봉이었다면 둘째 날의 봉차트는 음봉이어야 한다. 이런 장악형을 하락장악형(bearish engulfing)이라고 하며, 반대로 첫날의 봉차트가 음봉이었다가 둘째 날의 봉차가 양봉이 되는 장악형을 상승장악형(bullish engulfing)이라고 한다.

상승추세의 끝에 하락장악형이 나타났다고 하자. 첫날의 봉차트는 양봉이었는데 둘째 날의 봉차트는 음봉인데다 크기도 어제보다 훨씬 큰 것이 장악형이다. 둘째 날이 음봉이라면 결국 시가는 어제보다 높게 출발하였으나 장중내내 매도세가 우위를 나타내면서 주가가 하락하여 종가는 시가에서 까마득하게 낮으면서(그러므로 몸통이 크게 만들어졌다), 동시에 어제의 장중저점보다 훨씬 낮은 수준에서 형성된 것이다. 매도세가 시장을 완전히 압도한 결과라고 해석해야 한다. 더구나 이제까지 상승추세가 이어졌다면 하락장악형을 신호탄으로 추세가 하락세로 바뀌었다고 판단해야 옳다. 하락장악형은 매도신호이다. 그리고 상승장악형의 경우는 이것과는 반대로 해석하여 매수신호로 간주해야 한다.

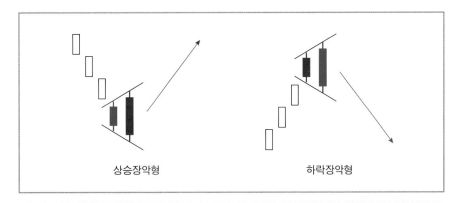

상승장악형   하락장악형

차트 2-15 ▶ 장악형 패턴   장악형은 둘째 날의 봉차트가 첫날의 봉차트를 완벽하게 압도한 형태이다. 패턴을 전후하여 추세가 바뀐다. 첫날이 양봉이고 둘째 날이 음봉이면 하락장악형(bearish engulfing)이고, 반대로 첫이 음봉이고 둘째 날이 양봉이면 상승장악형bullish engulfing)이다.

차트 2-16 ▶ 장악형 패턴의 실제 사례   LG생활건강의 차트에서는 하락장악형이 나타날 때마다 추세가 하락세로 바뀌었다는 것을 확인할 수 있다.

▌지속형 패턴

지속형 패턴은 패턴을 전후하여서 추세가 바뀌지 않은 것, 즉 지금까지의 추세가 계속해서 이어지는 것을 말한다. 지속형 패턴은 반전형과 달리 다양하지 않은데, 대표적인 것으로 적삼병(three white soldiers)과 흑삼병(three black soldiers)이 있다.

▌적삼병

적삼병은 붉은 색의 봉, 즉 양봉이 세 개 연속으로 이어지는 것을 말한다. 마치 붉은 제복을 입은 병사들이 줄을 지어 행진하는 모습처럼 보인다고 하여 그런 이름이 붙었다. 적삼병은 양봉이 연일 이어지는 것이니만큼 당연히 현재 주식시장에서 상승추세가 매우 강력하다는 것을 의미한다. 따라서 관성의 법칙을 고려한다면 추세가 강력할수록 적삼병이 나타난 이후에도 기존의 상승세가 더 지속되리라 예상할 수 있다. 차트에서 적삼병이 나타났을 때에는 매수전략을 취하는 것이 합리적이다.

▌흑삼병

흑삼병은 검은 색의 봉, 즉 음봉이 세 개 연속으로 이어지는 것을 말한다. 마치 검은 제복을 입은 병사들이 줄을 지어 행진하는 모습처럼 보인다고 하여 그런 이름이 붙었다. 흑삼병은 음봉이 연일 이어지는 것이니만큼 당연히 현재 주식

차트 2-17 ▶ 적삼병, 흑삼병의 실제 사례   양봉이 세 개 연속으로 이어지는 적삼병이나 음봉이 세 개 연속으로 이어지는 흑삼병이 발생하면 추세가 전환되는 것이 아니라 오히려 기존의 추세가 더 강화되는 신호로 간주되어야 한다.

시장에서 하락추세가 매우 강력하다는 것을 의미한다. 따라서 관성의 법칙을 고려한다면 추세가 강력할수록 흑삼병이 나타난 이후에도 기존의 하락세가 더 지속되리라 예상할 수 있다. 차트에서 흑삼병이 나타났을 때에는 매도전략을 취하는 것이 합리적이다.

 1분 | 질 | 문

반전형 패턴과 지속형 패턴이란 무엇인가?

반전형 패턴은 그 패턴을 전후하여 추세가 뒤바뀌는 패턴을 말하며, 지속형 패턴은 그 패턴을 전후하여 추세가 뒤바뀌지 않고 더 이어지는 패턴을 말한다.

봉차트의 함정
- 갭

지금까지 우리는 봉차트를 만드는 법에서 출발하여 봉차트의 의미, 봉차트를 해석하는 법, 봉차트의 패턴 등을 살펴보았다. 이렇게 쌓인 지식을 토대로 봉차트를 면밀히 살핀다면 향후의 주가가 어떤 움직임을 보일지 예상할 수 있다. 물론 향후의 주가 움직임을 정확하게 예상하고 수익을 내기 위해서 추가적인 기술적 분석이 필요하다. 하지만 봉차트 분석만으로도 아주 훌륭한 기술적 분석의 출발점이 된다.

그런데 봉차트 분석에서 또 하나 간과하지 말아야 할 것이 있다. 바로 갭이다. 사전에서 찾으면 갭(gap)이라는 영어 단어는 구멍, 틈, 공백, 간격 등의 뜻을 가지고 있다. 차트에서의 갭도 똑같다. 갭은 차트 상에 나타나는 구멍을 말한다. 물론 차트를 그리거나 혹은 인쇄한 종이에 구멍이 난다는 뜻은 아니다. 갭은 봉차트에서 어제와 오늘의 주가 움직임이 서로 겹치지 않아 구멍이 난 것처럼 보이는 현상을 말한다.

보통이라면 봉차트에서 어제의 봉과 오늘의 봉이 서로 겹친다. 구체적으로

차트 2-18 ▶ 갭의 실제 사례 코스피지수의 차트에는 2020년 2월 24일 발생한 하락갭을 비롯하여 여러 차례 갭이 발생하였고, 2020년 3월 이후 주가가 큰 폭으로 반등하면서 이번에는 상승갭이 발생하였다는 것도 확인된다.

설명한다면 어제의 고점보다 오늘의 저점이 낮거나, 혹은 어제의 고점에 비해 오늘의 저점이 높은 경우가 대부분이라는 뜻이다. 이렇게 되면 어제의 저가-고가 가격 범위와 오늘의 저가-고가 가격 범위가 약간씩이나마 서로 중복되어 구멍이 날 틈이 없다. 하지만 봉차트에서 항상 어제와 오늘의 가격 범위가 겹쳐야 한다는 법은 없다. 어느 날 주가가 갑자기 폭등하거나 폭락하여 어제의 주가 움직임 범위와 오늘의 주가 움직임 범위 사이에 빈 공간이 나타난다. 이 공간이 갭이다. 이렇게도 설명할 수 있다. 차트의 옆쪽에서 누군가가 봉을 향해 화살을 쏜다면 대부분은 봉에 맞을 것이다. 그런데 만일 차트에 빈 공간이 있다면 화살은 그 공간을 통과할 터. 그게 갭이다.

그런데 나는 사실 갭을 일반적인 정의인 구멍이나 틈새 등으로 해석하기보다 오히려 '함정(trap)'이라고 강조하여 말하고 싶다. 왜냐하면 갭이 시사하는 바를 잘 판단하면 향후 주가 움직임을 정확하게 예측할 수 있지만, 갭을 자칫 잘못 판단하면 엉뚱하게 해석할 위험도 있기 때문이다.

그렇다면 먼저 갭이 왜 발생하는지 그 과정부터 살펴보자. 실제 사례를 통해 보는 것이 효과적일 게다. 2020년 2월 24일 월요일, 주식시장은 개장 전부터 술렁거렸다. 이미 지난 금요일인 2월 21일, 미국 증시가 코로나19로 인한 경기침체 우려로 큰 폭으로 추락하였으니 우리 증시 역시 하락폭이 클 것이라는 것은 누구나 예상할 수 있었다. 그리고 실제 개장 이후의 주가도 예상을 벗어나지 않았다. 코스피지수는 전일보다 48.80포인트(2.26%) 하락한 2,114.04의 시가로 출발하여 잠시 2,120.06의 고점을 만들기도 하였으나 그때뿐이었다. 이후 내내 하락폭을 늘려가 결국 종가는 장중저점과 같은 2,079.04로 결정되었다. 전일 2월 21일 금요일의 저가가 2,160.28이었으나, 다음날인 2월 24일의 장중고가라고 해보아야 거기에 한참이나 못 미친 2,120.06이었으니 결국 어제의 저점 2,160.28과 다음날의 고점 2,120.06 사이에는 빈 공간, 즉 갭이 만들어졌다.

위의 사례에서도 알 수 있듯이 갭은 어제에 비해 오늘의 주가가 크게 내렸거나, 혹은 어제보다 오늘의 주가가 크게 올랐을 때 발생한다. 다시 말해 갭은 지금의 시장이 매도세가 한꺼번에 몰려서 가격 불문하고 무조건 주식을 팔아버리려고 서두르는 상황이거나, 매수세가 잔뜩 몰려서 가격 불문하고 무조건 주식을 사기 위해 덤비는 상태라는 것을 보여준다. 매수세 또는 매도세 어느 한쪽이 적극적으로 서두르니, 매수세와 매도세 간 균형에 일시적으로 공백이 발생했고, 그것이 갭의 형태로 나타나는 것이다. 갭은 매수 세력과 매도 세력 사이에 힘의 공백이 생겼다는 결정적인 증거이다.

갭에는 하락갭과 상승갭이 있다. 하락갭은 오늘의 주가가 크게 내려서 오늘의 고가조차도 어제의 저가보다 훨씬 낮게 나타나는 현상을 말하며, 반대로 상승갭은 오늘의 주가가 크게 올라서 오늘의 저가마저도 어제의 고가보다 훨씬 높게 나타나는 현상이다.

▌갭을 활용한 매매

차트에서 갭이 나타났으니 매수세와 매도세의 힘의 균형이 깨졌다는 것은 알겠는데, 그렇다면 어떻게 해야 할까? 주식을 사야 하나 팔아야 하나? 차트에서 갭을 발견하는 것보다는 그렇게 나타난 갭을 주식 매매에서 어떻게 이용해야 할지 아는 것이 결국 관건이다.

일단 결론부터 말하면 갭은 지지선이나 저항선으로 작용한다. 구체적으로 상승갭은 지지선으로 작용하며, 하락갭은 저항선으로 작용한다. 그런데 왜 갭이 지지선이나 저항선이 되는지 이유는 쉽게 이해할 수 있다. 이렇게 생각해보자. 상승갭이 나타날 정도로 매수세가 덤빈다면 그만큼 주가를 끌어올릴만한 강력한 호재(good news)가 나왔기 때문이다. 반대로 하락갭이 나타날 정도로 매수세가 서두른다면 그만큼 주가를 끌어내릴만한 강력한 악재(bad news)가 나왔기 때문이다.

이제 갭이 나타난 다음이 중요하다. 갭이 만들어지면서 주가가 급등(상승갭의 경우)하거나 급락(하락갭의 경우)하였다. 그리고는 시장이 다소간 흥분에서 벗어나 안정을 찾았다고 하자. 그러면 주가는 이제까지의 흐름과 반대방향으로 움직일 터. 상승갭이 나타나고 급등하였다면 시장이 안정을 찾을 경우 주가는 슬슬 하락할 참이다. 그런데 하락하다보니 일전에 시장이 흥분하면서 만들었던 상승갭을 만나게 된다. 어떤 일이 벌어질까?

당시 매수세가 달려들게 만들었던 호재가 완벽하게 사라지지 않는 한 주가는 상승갭 아래로 쉽사리 내려서지 않고, 그 수준에서 다시 반등할 것이다. 즉 상승갭은 지지선으로 작용하는 법이다. 하락갭은 반대로 생각하면 된다. 하락갭은 저항선으로 작용한다.

갭을 이해하였다면 아직 하나가 더 남았다. 이제 "갭이 채워진다(fill)"는 말도 알아야 한다. 갭은 차트에 나타난 구멍이다. 그러므로 갭이 채워졌다는 것은 구멍이 메워졌다는 것. 다시 말해 차트의 빈 공간이 사라졌다는 말이다. 갭은 시장에서 전혀 거래가 이루어지지 않은 가격대이다. 그래서 공간이 생긴 것인데 그것이 메워졌다면 당초 거래가 되지 않았던 가격대에서 거래가 체결되었다는 것을 뜻한다.

앞서 갭은 지지선이나 저항선으로 작용한다고 하였다. 이럴 때에는 갭이 메워지지 않는다. 상승갭의 경우, 주가가 하락하여 그 언저리까지는 내려갔으나 더 밀리지 않고 반등하였고, 따라서 상승갭이 만들어졌던 가격대에서는 거래가 체결되지 않았다. 이럴 경우는 갭이 채워지지 않은 것이다. 하지만 상승갭이 제대로 지지선의 역할을 하지 못했다면 어떻게 될까? 주가는 지지선을 무너뜨리고 더 하락하였을 것이고, 그러니 갭이 만들어졌던 가격대에서도 거래가 이루어졌다. 갭이 채워진 결과가 된다.

결국, 갭이 채워졌다는 것은 더이상 갭이 지지선이나 저항선의 역할을 하지

차트 2-19 ▶ 갭을 이용한 매매　LG전자의 차트에서 발생한 상승갭은 이후 메워지지 않은 채 강력한 지지선의 역할을 하였다. 따라서 갭이 메워지지 않을 것을 기대하면서 상승갭이 발생하면 매수 전략, 반대로 하락갭이 발생하면 매도 전략을 세우는 것이 합리적이다.

못한다는 것을 말한다. 갭은 빈 공간일 때가 중요한 것이지, 일단 채워지고 나면 중요도가 사라진다. 따라서 갭이 나타나면 일단 그 갭이 지지선 혹은 저항선의 역할을 할 것으로 기대할 수 있겠고, 나아가 만일 갭이 채워진다면 이제는 지지선 혹은 저항선의 의미가 사라졌다고 판단해야 할 것이다.

 1분 | 질 | 문

차트에서 갭은 어떤 역할을 하는가?

일반적으로 갭은 지지선이나 저항선으로 작용한다.

주봉과 월봉에서 흐름을 읽어라

하루에 한 번 만들어지는 일봉이 가장 흔한 차트이며 널리 사용된다. 그러나 반드시 일봉만 사용하라는 법은 없다. 투자자의 성향에 따라 작성 시기를 얼마든지 바꿀 수 있다. 시기를 더 잘게 나누어 한 시간 간격으로 봉차트를 작성할 수 있고, 혹은 더 간격을 좁혀서 5분이나 10분 간격으로 봉차트를 만들 수도 있다. 이렇게 시간간격을 촘촘하게 차트를 만드는 이유는 결국 주식시장의 흐름을 그만큼 세밀하고 정확하게 판단하기 위한 목적 때문이다.

하지만 세밀하다고 하여 반드시 좋은 것은 아니다. 당연한 말이지만 차트를 작성하는 시간간격은 사용목적에 맞아야 한다. 예를 들어 하루 종일 주식시장에 상주하면서 장중에 매수하였다 그날 안에 팔아 버리는 데이 트레이더(day trader), 즉 단타 위주의 거래를 주로 하는 투자자라면 하루 중의 주가 움직임을 달랑 하나의 봉으로만 만드는 일봉차트로는 만족할 수 없을 것이다. 그는 하루 중 주가 움직임을 더욱 자세하게 알고 싶을 테니 5분, 10분 차트를 사용해야 마땅하다. 반면 일단 매수한 이후에는 몇 달이고 오랫동안 보유하는 장기투자자에게는 5분 간격의 세밀한 차트는 전혀 쓸모 없다. 일봉이면 충분할 것이고 간격이 더 듬성듬성한 주봉이나 월봉차트로도 소기의 목적을 달성할 수 있다.

2장
치르의 기본, 봉차트

그런데 주봉이나 월봉은 단순히 작성하는 기간이 띄엄띄엄 늦지만 분명히 나름의 장점이 있다. 설령 단타 거래를 위주로 하는 투자자라고 할지라도 주봉이나 월봉을 절대 무시해서는 안 된다.

▌주봉의 장점

주봉에는 한 주일 동안의 주가 움직임이 고스란히 하나의 봉에 집약된다. 그러므로 주봉을 여러 개 늘어놓으면 꽤 장기간의 추세를 파악할 수 있다. 물론 일봉을 펼쳐놓고도 추세를 읽기는 한다. 그러나 주봉은 매일 매일의 미세한 주가 흐름을 무시하고 큰 흐름을 볼 수 있도록 하므로 이를테면 '숲을 보는' 안목이 늘어난다는 장점이 있다.

예컨대 어느 곳에 아름다운 숲이 하나 있다고 하자. 숲에는 온갖 동물들이 뛰어놀며 나무 사이사이에는 이름 모를 꽃이 예쁜 자태를 뽐내고 있다. 숲 가운데 연못에는 탐스런 물고기도 산다. 얼마나 멋진 풍경인가! 그런데 시야를 좁게 두어 나무 한 그루, 꽃 한 송이에만 초점을 맞춘다면 숲의 아름다움을 볼 수 없다. 너무 자세히 들여다 본 탓에 숲의 아름다움을 놓치고 있는 것이다. 숲 전체의 경관을 눈에 담고 즐기려면 숲속에 들어가 나무 한 그루, 풀 한 포기를 세밀하게 살펴서는 안 된다. 숲에서 나와 멀찌감치 떨어진 곳에서 바라보아야만 진짜 숲의 풍경을 제대로 느낄 수 있다.

주식도 같다. 시야를 좁혀서 개별종목 하나하나를 바라보고 있으면 그 종목에 대한 분석이야 세밀하게 될지는 모르나 정작 더 중요한 추세의 흐름, 대세

101

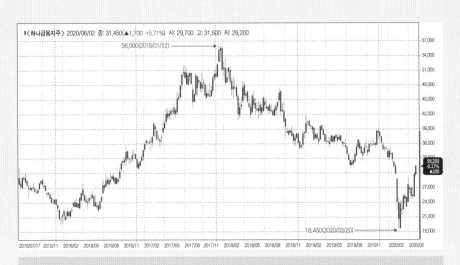

차트 2-20 ▶ 주봉 주봉은 일주일 동안의 주가 움직임이 하나의 봉에 집약된 것이므로 일봉에 비하여 주봉에서는 지지선이나 저항선이 훨씬 더 눈에 잘 뜨인다.

는 놓치기 마련이다. 숲속에 있는 나무나 꽃은 그 나름대로 충분히 아름답지만 숲과의 조화를 이룰 때에 더 아름답게 보이는 법. 일봉만이 아니라 주봉을 써서 주식을 분석하는 일이 꼭 필요한 이유이다.

그런데 주봉에 또 다른 강점이 있다. 바로 지지선이나 저항선을 쉽게 파악할 수 있다는 점이다. 일봉으로도 물론 가능하겠지만 굳이 주봉을 이용하는 이유가 있다. 주봉에서는 지지선이나 저항선이 더 쉽게 눈에 뜨인다. 주봉은 일주일 동안의 주가 움직임이 하나의 봉에 집약된 것이기 때문이다. 하루하루의 주가 움직임을 차트로 작성하는 일봉으로는 어디가 지지선인지 정확히 알기 어렵지만, 세밀한 움직임을 없애고 축약된 주봉에는 그런 문제는 없다.

▍월봉의 장점

그런데 시간 간격을 넓게 하여 듬성듬성 작성하기로는 주봉과 크게 다르지 않으나, 사실 월봉으로는 지지선이나 저항선을 판별하기가 쉽지 않다. 왜냐하면 작성하는 주기가 너무 길기 때문이다. 월봉은 한 달에 단 한 개의 봉만 만들어진다. 그러므로 월봉이 몇 개 모여서 정확한 지지선이나 저항선 수준을 알리려면 시간이 한참이나 필요하다. 설령 월봉차트를 이용해서 지지선이나 저항선을 발견했다 하더라도 이미 시간은 까마득하게 흘러 적절한 매수, 매도 타이밍을 놓치게 될 것은 당연한 귀결이다.

하지만 그게 아니라면 월봉 역시 나름대로의 장점이 있다. 월봉으로는 주식시장의 계절을 읽을 수 있다. 이를테면 월봉차트를 이용해서 주식시장이 지금 여름철인지 아니면 겨울철인지 판단할 수 있다. 현재 여름철이라는 것은 주식시장이 한창 달아오르는 상승세라는 뜻이고, 겨울철이라는 것은 주식시장이 현재 차갑게 식어버린 하락세라는 의미이다.

주식시장의 계절을 판단하려면 월봉의 색깔이 중요하다. 양봉은 시가에 비해 종가가 높은 경우이고, 음봉은 시가에 비해 종가가 낮은 경우를 뜻한다. 따라서 월봉이 양봉으로 나타난다면 시가, 즉 그 달의 첫날 주가에 비해서 종가, 즉 그 달의 월말 주가가 높았다는 것을 뜻한다. 물론 월봉이 음봉으로 나타난다면 그 달의 첫날 주가보다 마지막 날의 주가가 낮았다는 말.

이때 주식시장의 계절을 알아내기 위하여 굳이 월봉을 분석하는 이유가 있다. 왜냐하면 월봉은 일단 한번 색깔이 정해지면 상당 기간 같은 색깔의 봉이

I〈하나금융지주〉 2020/06/02 종: 31,450(▲1,700 +5.71%) 시: 29,700 고: 31,500 저: 29,200

기타(100%)

56,000(2018/01/31)

12,050(2008/11/28)

31,450
+5.71%
▲1,700

2007/03/30 2008 2009 2010 2011 2012 2013 2014 2015 2016 2017 2018 2019 2020 2020/06/02

차트 2-21 ▶ 월봉 월봉으로는 주식시장의 계절을 파악하는 데에 용이하다. 차트에서 확인할 수 있듯이 음봉이 연이어 나타나는 계절은 겨울, 즉 하락추세일 때이고, 양봉이 연이어 나타나는 계절은 여름, 즉 상승추세일 때이다.

이어지는 경우가 많기 때문이다. 일단 월봉에서 양봉이 나타났다면 다음 달과 또 그 다음 달에도 내내 양봉이 연속될 확률이 높다. 한번 추세가 정해지면 추세가 순식간에 바뀌기는 어렵기 때문.

하지만 매일 그리는 일봉은 그렇지 않다. 좀 심하게 말하면 봉의 색이 하루가 다르게 바뀐다. 월봉은 그렇지 않다. 진득하다. 따라서 월봉차트는 주식시장의 계절을 쉽게 알 수 있다. 일단 어떤 계절이 되면 한동안 같은 계절이 이어진다. 지난달이 여름이었는데 곧장 다음 달로 겨울이 되는 것은 아니지 않은가.

추운 겨울에는 몸이 따뜻하도록 두터운 털옷을 입지만 여름에 그렇게 옷

입는 사람은 없다. 여름에 입는 옷과 겨울에 입는 옷은 서로 다르다. 주식도 마찬가지여서 시장 분위기, 즉 계절에 맞도록 행동해야 한다. 상승세일 때에는 주식 비중을 늘려가는 매수 위주의 전략으로 임해야 하고, 하락세일 때에는 주식 비중을 줄이고 현금을 늘리는 매도 위주의 전략으로 임해야 한다. 월봉차트를 보면 주식시장의 전체적인 분위기를 알아낼 수 있다.

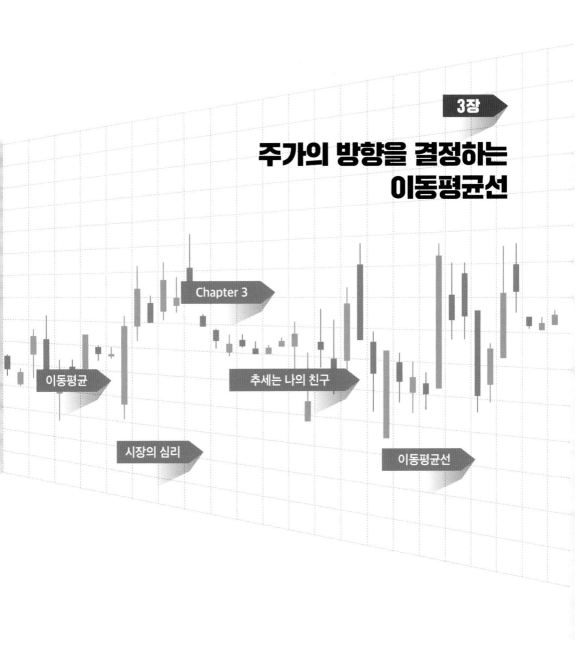

3장

주가의 방향을 결정하는
이동평균선

Chapter 3

이동평균

추세는 나의 친구

시장의 심리

이동평균선

어떤 석유 탐사가가 죽어서 천당에 가게 되었다. 이 남자는 천당 입구에서 천
당 문을 지키고 있는 베드로를 만났다. 베드로는 석유 탐사가에게 이렇게 말했
다. "당신은 평소 착한 일을 많이 했으므로 천당에 들어갈 자격이 충분히 있습
니다. 하지만 유감스럽게도 지금 석유 탐사가들에게 배정된 주거 구역이 온통
만원이어서 도무지 당신이 들어갈 자리가 없군요."

　베드로의 말에 이 남자는 낙담할 수밖에 없었다. 천당이 만원이라니! 그는
잠시 생각에 잠기더니 베드로에게 부탁했다. "그렇다면 천당에 먼저 들어가
있는 선배 석유 탐사가들에게 한 마디만 할 수 있도록 해 주십시오" 베드로는

그런 정도의 요청이야 별 문제가 없을 것 같아서 남자에게 그렇게 하라고 허락했다.

그러자 남자는 천당을 향해 "지옥에서 석유가 발견되었다!"라고 크게 외쳤다. 외침이 끝나기가 무섭게 천국 문이 왈칵 열리더니 천당에 있던 석유 탐사가들이 죄다 지옥을 향해 우르르 줄달음치는 것이 아닌가! 석유 탐사가라는 자들은 죽으나 사나 온통 머릿속에 석유 생각밖에 없는 사람들이다. 그들에게 석유가 발견되었다는 소식을 전했으니 모두들 석유가 있다는 곳으로 죽어라 달려가는 것은 당연한 노릇이다.

베드로는 이 남자의 기지에 감탄하며 그에게 석유 탐사가들이 뛰쳐나가 텅 비어버린 천당에서 아무 집이나 골라 들어가 편히 살라고 말했다. 그러자 이 사나이는 고개를 저으며 대답했다. "아니요. 저 역시 사람들을 따라 지옥으로 가야 할 것 같군요. 혹시 루머가 사실이어서 지옥에서 석유가 나올지도 모르지 않습니까?"

사나이는 멋진 루머를 퍼뜨려서 만원이었던 천당의 석유 탐사가 거주구역을 텅텅 비게 하는 데 성공했다. 그러나 정작 자신이 지어낸 루머임에도 불구하고 다른 탐사가들이 죄다 지옥으로 향하자 그만 마음이 바뀌었다. '정말로 지옥에 뭔가 있을지도 몰라. 저렇게 모든 사람들이 지옥으로 가니까 불안하군'. 이런 생각이 그를 덩달아 지옥으로 향하도록 만들고 만 것이다.

오마하의 현인으로 잘 알려진 워런 버핏의 투자회사, 버크셔 해서웨이 영업 보고서에 실린 이야기이다. 버핏은 종종 우화를 통해 자신이 전하고 싶은 메시지를 말하기도 했는데, 이 이야기야말로 군중심리가 그만큼 무섭고, 속기 쉽다는 것을 일깨워준다. 군중심리의 사례는 무궁무진하다. 독재자 히틀러는 군중심리를 잘 이용한 정치가로 특히 유명하다. 독일 국민들은 마치 집단최면에 걸린 것처럼 독재자에 열광했으니 말이다. 비단 히틀러만이 아니다. 우리가 살고 있는 현실에서 군중심리는 흔히 발생한다. 주식시장도 마찬가지이다. 많은 투자자들이 그저 다른 사람들이 매수한다는 이유나 다른 사람들이 시장을 밝게 본다는 이유로, 또는 다른 사람들이 주가가 더 오를 것으로 기대한다는 이유 등으로 주식을 산다. 투자자들은 군중심리에 빠져 앞뒤 가리지도 않는다. 합리적인 판단은 잊은 채 오로지 "지금 따라가지 않으면 뒤처진다"는 불안감으로 덜컥 매수하고 만다. 하지만 군중심리에 휩쓸려 방향을 잃고 시장 분위기에 덩달아 흥분하여 마구 거래하다 보면 어느새 상황이 싸늘하게 바뀌고 말았던 경우가 어디 한두 번이었던가?

주식시장의 주가를 움직이는 두 가지의 원인은 인간의 탐욕(greed)과 공포(fear)라는 말이 있다. 주가가 끝없이 오를 것만 같은 탐욕에 휩싸여 앞뒤 가리지 않고 미친 듯이 주식을 사들일 때, 혹은 주가가 바닥없이 추락할 것만 같은 공포가 사람들의 이성을 마비시켜 가격 불문하고 무조건 주식을 팔아 치울 때, 바로 그때가 시장이 온통 군중심리에 빠져들고 있는 시기인 것이다.

주가가 연일 상승세를 보이면 투자자들의 고민은 오히려 깊어간다. '지금이 꼭지일까? 아니면 좀 더 갈 수 있을까? 팔아 버릴까? 버틸까? 더 살까? 말까?' 이리저리 재보고 저울질하느라 머리가 아플 지경이다. 어떻게 하는 것이 가장 좋을까? 결론을 말한다면 상승세가 일단 진행되고 있을 때에는 섣불리 매도하기보다는 더 보유하고 있는 것이 좋다. 적극적인 투자자라면 상승세일 때에는 오히려 추가로 더 사들이는 전략도 좋다. 주가의 상승세가 이어질 때에는 추세가 소위 '탄력'을 받으므로 결정적인 악재가 터지거나 뭔가 변화가 있기 전까지는 주가가 계속 올라가기 마련이다. 운동의 법칙에서 이르듯 '관성'에 의해서 상승 분위기가 지속되는 것이다.

똑같은 논리가 하락세일 때에도 적용된다. 주가가 연일 하락세를 보여도 투자자들의 고민이 깊어지는 것은 매한가지이다. '지금이 바닥일까? 아니면 좀 더 내릴까? 싸 보이니 지금 슬슬 주식을 살까? 아니면 더 기다릴까?' 이리저리 재보고 저울질하느라 머리가 아플 지경이다. 어떻게 하는 것이 가장 좋을까? 상승세일 때와 똑같다. 하락세가 진행되고 있을 때에는 섣불리 매수하기보다는 더 기다리는 것이 좋다. 주가의 하락세가 이어질 때에는 소위 '탄력'을 받으므로 결정적인 악재가 터지거나 뭔가 변화가 있기 전까지는 주가가 계속 내려가기 마련이다. 관성의 법칙은 괜히 만들어진 것이 아니다.

이 대목에서 결정적인 의문이 들 것이다. 우리가 쉽게 느끼기로 아무리 강한 상승세라고 할지라도 주가가 끝없이 오르는 일은 없다. 언젠가는 내린다. 혹은 아무리 하락세가 무섭다 할지라도 주가가 무한정 추락하지는 않는다. 언젠가는 오른다. 그렇다면 대체, 언제 추세가 꺾일까? 우리는 그 시점을 어떻게 파악하며, 언제 매도하거나 매수하는 타이밍을 잡아야 할까? 바로 그 답이 여기에 있다. 이동평균선을 분석하면 매매 타이밍을 잡는데 엄청난 도움이 된다.

이동평균선은
무엇인가?

비단 주식투자를 하지 않는 사람이라도 한번쯤은 이동평균에 대하여 들어본 경험이 있을 터. 언론에서 이동평균선에 대한 기사를 종종 다루기 때문에 이 말은 일반인들에게도 익숙한 단어가 되었다. 예를 들어 TV 뉴스에서 정부에 대한 지지율 여론조사 결과를 설명하면서 "'잘하고 있다'가 '잘 못하고 있다' 의 비율을 넘어 골든크로스를 기록하였다"고 보도하는 것이 대표적이다. 쉽게 말하여 '잘한다'는 여론이 더 많아졌다는 뜻인데 이를 이동평균선의 용어인 골든크로스로 표현한 것이다.

어쨌거나 이처럼 이동평균선 기법은 널리 알려져 있다. 그래서인지 흔히들 이동평균선을 두고 쉽다느니, 단순하다느니, 누구나 사용하기 때문에 희소성 이 떨어진다는 등의 말을 하면서 중요성을 폄하한다. 그러나 이런 의견은 하나 만 알고 둘은 모르는 소치. 매우 잘못된 것이다. 조금 지나친 비유이겠지만 이 동평균선을 모르고 주식투자를 하는 행위는 마치 군인이 총도 없이 전쟁터에

나가는 것과 같다. 그만큼 중요하다. 쉽고 단순하다고 하여 대단하지 않은 것이 아니다. 오히려 정반대이다. 실제 주식거래에서 이동평균선만 잘 이용하더라도 충분한 이익을 얻을 수 있다.

투자자 중에는 주가 흐름, 즉 추세를 중요하게 생각하는 사람들이 많다. 이들은 추세를 파악하고, 그 추세에 순응하는 거래를 하기 위해 노력한다. 이런 방법을 추세순응형 거래(trend following method)라고 한다. 특히 이와 같은 추세순응형 투자자들은 "추세는 나의 친구(Trend is Friend)"라는 말을 즐겨 쓴다. 추세를 친구처럼 여겨서 같이 동행한다는 것이므로, 결국 추세와 같은 방향으로 거래한다는 의미이다.

추세란 이를테면 강물의 흐름과 같다. 강물에서 배를 저어 간다고 생각해보자. 강물은 상류에서 하류로 흐르게 마련이므로 배 역시 상류에서 하류로 저어가는 것이 당연히 편하다. 그런데 강물의 흐름을 거슬러 거꾸로 하류에서 상류로 배를 젓는다면 힘만 들고 시간도 많이 걸릴 것이다. 게다가 흐름의 역방향으로 가다보면 자칫 배가 강물의 힘에 떠밀려 목적지가 아닌 엉뚱한 곳에 닿을 수도 있다. 주식투자도 마찬가지. 주가 흐름과 같은 방향으로 거래하는 것이 쉽고 편안하며, 무엇보다 안전하다. 이처럼 주가 흐름과 같은 방향으로 거래하는 것이 추세순응형 거래이다.

추세순응형 거래는 얼핏 그럴싸하게 보이지만, 정작 현재의 추세를 파악하지 못한다면 무용지물이 될 것이다. 그런데 현재의 추세를 파악하는 일은 말처럼 쉬운 일이 아니다. 누가 보더라도 주가가 알기 쉽게 어느 한 방향으로 움직이는 일은 드물기 때문. 주가는 며칠 오르는 것 같다가 금세 하락하기 일쑤이

I〈하나금융지주〉2020/06/02 종: 31,500(▲1,400 +4.65%) 시: 30,050 고: 31,500 저: 29,850

56,000(2018/01/12)

18,450(2020/03/20)

차트 3-1 ▶ 추세순응형 거래   상승세일 때에는 매수하고, 하락세일 때에는 매도하는 것이 추세순응형 거래이다. 다만 위 차트에서는 추세가 뚜렷하게 나타나지만, 현실에서는 추세를 파악하기 어려울 때가 많다. 일반적으로 추세를 파악하기 위하여 이동평균선이 널리 활용된다.

고, 거꾸로 며칠 하락하는 것 같더니 순식간에 상승하는 일이 계속 반복된다. 이같이 변덕스러운 주가 흐름을 놓고 일률적으로 상승세, 또는 하락세라고 단정하기란 녹록한 일이 아니다.

이때 바로 이동평균선이 활용된다. 왜냐하면 이동평균선으로 주가의 추세를 손쉽게 파악할 수 있기 때문이다.

이동평균선은 '평균(average)'의 의미를 갖는다. 학교에서 배웠듯 평균은 여러 변수의 값을 합친 후에 이것을 변수의 숫자로 나누어 구한다. 그렇게 구해진 평균값은 대상이 되는 변수의 대표값이다. 예를 들어보자. 문화관광부에서는《국민체력실태조사》를 2년마다 시행한다. 최근에 발표된 2017년 조사결과에 따르면 20대 후반 대한민국 남자의 평균 신장은 175.5Cm인 반면에 같은 연령대 일본 남자의 평균 신장은 171.9cm라고 한다. 이 자료를 기준으로 우리는 일본의 20대 후반 남자의 키는 우리나라 남자의 키보다 작다는 사실을 알 수 있다. 물론 일본 남자 중에는 키가 큰 사람도 있겠다. 하지만 그것은 예외이며 '일반적인 경우'라면 한국 남자의 키가 더 크다. 그게 평균이다.

주식에서도 이처럼 평균을 구할 수 있다. 이동평균을 매일 계산하여 그 값이 어떻게 움직이는지 확인하면 추세의 변화가 파악된다. 물론 한국과 일본의 20대 후반 남자라고 할지라도 저마다 큰 사람이 있고, 작은 사람이 있다. 마찬가지로 주식시장에서 어떤 날은 주가가 대폭 오르고, 다음날은 하락하는 등락이 있을 수밖에 없다. 그러나 이처럼 들쑥날쑥한 주가 움직임을 평균으로 구했을 때 어느 한 방향으로 꾸준히 움직이고 있다면, 그것이 바로 현재의 시장 추세라고 단언할 수 있는 것이다. 예컨대 이동평균이 매일 조금씩 올라가고 있다

차트 3-2 ▶ 이동평균선의 방향 달러-원 환율의 차트인데, 이동평균선이 상승하면 추세도 상승세이고, 이동평균선이 하락하면 추세 역시 하락세로 바뀐다.

면, 현재 추세가 분명 상승세인 것이고 반대로 이동평균이 매일 서서히 내려가고 있다면, 현재 추세가 하락세라고 해석할 수 있다.

상승세일 때는 주식을 계속 보유하거나 혹은 주식을 추가로 매수하는 자세가 효과적이고, 하락추세일 때에는 보유한 주식을 서둘러 매도하거나 혹은 추가매수 시기는 더 늦추는 것이 좋다. 주식투자에서는 추세에 순응하는 것이 가장 안전한 투자방법이다. 강물의 흐름을 따라 배를 저어가는 것이 훨씬 편하다는 진리를 머릿속에 기억해 두시라.

이동평균선의 움직임으로 추세의 상승과 하락을 판단할 수 있다고 하였는데, 그렇다면 추세가 바뀌는 시점은 어떻게 알아낼까? 추세가 바뀌는 전환점을 일컬어 변곡점이라고 하는데, 이것은 결국 이동평균선의 추세가 바뀌는 순간이다. 이동평균선의 추세가 바뀌면 당연히 주가의 추세도 바뀌는 것이다.

 1분 | 질 | 문

추세순응형 투자자들이 즐겨 쓰는 말은 무엇인가?
"추세는 나의 친구(Trend is Friend)"라는 말을 즐겨 쓴다. 추세를 친구처럼 여겨서 추세와 같은 방향으로 거래한다는 의미이다.

이동평균을 산출해보자

요즘은 컴퓨터가 발달하여 웬만한 것은 손으로 계산기를 일일이 두드려 산출하지 않는다. 이동평균도 당연히 컴퓨터로 계산할 수 있다. 혹은 투자자들이 사용하는 증권사의 홈 트레이딩 시스템에서 이동평균을 간단하게 구한다. 그러나 설령 수작업으로 계산하지 않더라도 이동평균을 계산하는 방법만은 알고 있어야 한다. 그래야 이동평균을 이용한 실전매매전략이나 이동평균을 통해 주가를 예측하는 일이 더 정확해지기 때문이다. 단순히 컴퓨터가 계산해놓은 이동평균을 눈으로 보는 것만으로는 부족하다. 직접 계산해보자.

▌단순이동평균

이동평균은 계산방식에 따라 단순이동평균과 가중이동평균으로 나눌 수 있다. 그리고 가중이동평균은 가중치를 어떻게 두느냐에 따라 선형가중이동평균과 지수평활법으로 더 세분된다. '그냥 한 가지 방법으로 계산하면 되지, 굳이 그렇게 복잡할 필요가 있을까'라고 생각할지도 모르겠으나 사실 각각의 이동평균은 나름대로 왜 그렇게 계산해야 하는지에 대한 논리적 근거가 있다.

일반적으로 가장 널리 사용되는 이동평균은 단순이동평균이다. 복잡한 계산을 할 필요 없이 쉽게 이동평균을 구할 수 있다. 예를 들어 첫날의 종가를 P1, 둘째 날의 종가를 P2, 셋째 날의 종가를 P3. 등으로 표기한다면 5일째의 5일 이동평균 M5, 6일째의 5일 이동평균 M6는 각각 아래의 공식으로 산출된다.

$$M5 = \frac{P1 + P2 + P3 + P4 + P5}{5}$$

$$M6 = \frac{P2 + P3 + P4 + P5 + P6}{5}$$

단순이동평균은 구하고자 하는 기간의 종가를 모두 합한 후 그것을 기간으로 나누는 방식으로 구한다. 즉 5일째의 이동평균 M5는 첫날의 종가 P1부터 5일째의 종가 P5까지 모두 합하여 5로 나눈다. 그리고 하루가 지나 6일째가 되면 가장 오래된 P1, 즉 첫날의 종가는 제외하고 산식에 새롭게 6일째의 종가 P6를 넣고, 5일간의 종가를 모두 합하여 역시 이것을 5로 나눈다.

단순이동평균은 이처럼 간단하므로 원하는 기간의 이동평균을 손쉽게 구할 수 있다. 예를 들어 20일 단순이동평균이라면 20일 동안의 종가 P1부터 P20까지 모두 더한 다음에 그 값을 20으로 나누면 된다. 60일 이동평균도 문제없다. P1부터 P60까지 모두 더한 다음에 그 값을 60으로 나누면 된다. 단순이동평균은 산술이동평균(arithmetic average)이라 부르기도 하는데, 초등학생들이 학교에서 배우는 산술과 같은 수준이라는 뜻이다.

그런데 아무리 간단해도 '공식'이라면 지긋지긋하고 본능적으로 머리가 지끈거리는 사람도 있겠다. 그런데도 굳이 공식을 들먹이는 이유가 있다. 잘 살펴보자.

앞서 M5와 M6를 각각 산출하였다. 그런데 5일째의 이동평균 M5와 6일째의 이동평균 M6의 공식에서 (P2 + P3 + P4 + P5)는 공통적인 부분이다. 이것을 일단 C라고 하면

$$M5 = \frac{P1 + P2 + P3 + P4 + P5}{5} = \frac{P1 + C}{5}$$

$$M6 = \frac{P2 + P3 + P4 + P5 + P6}{5} = \frac{C + P6}{5}$$

로 바꾸어 쓸 수 있다. 첫 번째 식에서 C = 5×M5 − P1 이므로 이를 M6에 대입하면 다음과 같이 계산식이 구해진다.

$$M6 = \frac{C + P6}{5} = \frac{5 \times M5 - P1 + P6}{5} = M5 + \frac{P6 - P1}{5}$$

머리가 아파도 조금만 참으시라. 위의 공식이 의미하는 바는 명백하다. 6일

째 이동평균 M6은 어제까지의 이동평균 M5에다 '6일째 종가 P6과 첫날 종가 P1의 차이를 5로 나눈 것'을 더하면 구할 수 있다는 뜻이다. 비단 5일 이동평균만이 아니다. 구하려는 기간이 무엇이든 같은 요령으로 산출할 수 있다.

따라서 위의 공식을 일반화한다면,

$$M_t = M_{t-1} + \frac{(P_t - P_{t-n})}{n}$$

으로 쓸 수 있다. 그런데 이 식에서 Pt-n을 Mt-1로 대체해서

$$M_t = M_{t-1} + \frac{(P_t - P_{t-1})}{n}$$

로 바꾸어 사용하기도 한다. 괜히 복잡하게 하려고 공식을 변형하는 것이 아니다. 충분한 이유가 있다. 즉 t일째의 이동평균 Mt는 어제의 이동평균 Mt-1에다 '오늘의 종가 Pt와 어제의 이동평균 Mt-1과의 차이를 기간으로 나눈 것'을 더하면 된다. 가령 5일 이동평균을 구할 때, 6일째의 이동평균은 어제의 5일 이동평균에다 오늘의 종가와 어제 구한 5일 이동평균과의 차이를 5로 나눈 것을 더해주기만 하면 구할 수 있다.

이렇게 공식을 바꾸면 이동평균의 계산이 매우 간편해진다. 왜냐하면 이동평균을 구하기 위하여 옛날 오래된 기간의 종가까지 일일이 보관할 필요가 없

기 때문이다. 단순이동평균을 전통적 방식으로 계산하려면 오래된 과거의 종가 기록까지 모두 보관해야 했다. 예컨대 240일 이동평균을 구하려면 오늘부터 240일 이전까지의 종가를 모두 가지고 있어야 했다. 그러나 새롭게 바뀐 방법을 사용한다면 그럴 필요가 없다. 어제까지의 이동평균과 오늘의 종가만 알면 오늘의 이동평균이 저절로 구해지기 때문이다. 요즘에는 변형된 공식으로 이동평균을 계산하는 것이 일반적이다.

> 이렇게 변형된 공식은 RSI를 개발한 Welles Wilder Jr.가 고안하였으므로 'Welles 이동평균'이라 부른다.

▌ 선형가중이동평균

단순이동평균은 이름처럼 단순하므로 좋지만 그만큼 약간의 문제점도 가지고 있다. 단순이동평균은 일정한 기간의 종가를 모두 합하여 기간으로 나누는 것인데, 그러다보니 가장 최근의 종가와 가장 오래된 종가가 똑같은 비중으로 이동평균에 적용된다는 것이 약점으로 대두된다. 예컨대 120일 이동평균이라면 오늘의 종가와 120일전의 종가는 모두 똑같은 비중을 가진다. 얼핏 생각하기에 공평한 것처럼 보이지만 그렇지 않다. 추세에는 아무래도 최근의 주가 움직임일수록 영향력이 클 수밖에 없다. 내일의 주가에는 한참 오래된 120일 전의 주가가 아니라 당장 오늘 마감된 주가의 영향력이 가장 크다. 그런데도 단순이동평균을 구하면 모든 날의 종가가 똑같은 비중을 갖게 되므로 자칫 추세를 부정확하게 나타낼 위험이 있다.

그래서 모든 날의 종가가 같은 비중을 가지는 것이 아니라 오래된 종가일수록 비중이 낮고, 가까운 최근의 종가일수록 비중을 높여 최근의 종가가 이동평균에 좀 더 많이 반영되는 방식이 고안되었다. 이것이 바로 가중이동평균이다. 물론 이 방법에도 문제점이 없는 것은 아니다. 가중치를 각각의 종가에 얼마나 줄 것이냐가 관건이다.

최근 종가에다 가중치를 너무 많이 두면 며칠의 움직임으로 이동평균이 좌우되는 약점이 있고, 그렇다고 최근 종가에다 가중치를 너무 적게 둔다면 가중이동평균을 구하는 의미가 없어져버린다. 그래서 일반적으로 날짜의 경과에 따라 가중치를 선형적으로 배분하는 선형가중이동평균이 널리 사용된다.

선형가중이동평균은 날짜만큼 가중치를 주는 방식인데, 5일 이동평균이라면 가장 최근 종가인 P5에 가중치로 5를 배분하고, 그 전날의 종가 P4에는 4의 가중치, 그 전전날 P3에는 3의 가중치 등의 방식으로 가중치를 배분한다. 따라서 5일 선형가중이동평균 W5는 다음의 계산식으로 산출된다.

$$W5 = \frac{P_5 \times 5 + P_4 \times 4 + P_3 \times 3 + P_2 \times 2 + P_1 \times 1}{5 + 4 + 3 + 2 + 1}$$

▎ 지수평활법

지수평활법은 얼핏 보기에 복잡한 것처럼 보이지만, 사실은 가중이동평균의 한 종류이다. 이 기법은 제2차 세계대전 중에 비행기의 수요를 예측하는 기법으로 개발되었다. 당시 비행기 수요는 바로 직전의 수요가 그 이후의 수요에 막대한 영향을 미쳤다. 그래서 가장 최근의 수요 데이터에다 더 많은 가중치를 두고, 시간이 오래된 수요 데이터일수록 가중치가 현격히 적어지는 이동평균법을 개발하지 않을 수 없었다.

지수평활법에 의한 5일 지수이동평균 E5는 다음의 계산식으로 구해진다.

$$E5 = \frac{P_5 \times a + P_4 \times a^2 + P_3 \times a^3 + P_2 \times a^4 + P_1 \times a^5}{a + a^2 + a^3 + a^4 + a^5}$$

단, $0 \leq a \leq 1$

이때 가중치로 쓰이는 a의 값이 1보다 작고 0보다 크므로 오래된 데이터일

차트 3-3 ▶ 여러 가지 이동평균 20일 이동평균선을 계산방법을 각각 달리하여 표시하였다. 큰 차이는 나타나지 않으나, 가중이동평균선이 주가와 가장 가깝게 붙어서 움직이면서 주가의 향방을 잘 보여주고 있다. 그 다음으로 지수이동평균이고 단순이동평균은 계산하는 방법은 가장 단순하지만 그만큼 주가에 멀찌감치 떨어져 움직이고 있다는 것을 알 수 있다.

수록 가중치는 급속히 줄어든다. 가령 a를 1/2이라고 한다면, 가장 최근의 종가 P5에는 1/2의 가중치가 주어지지만, 하루 전날의 종가 P4에는 1/4 가중치가, 그리고 그 전전날의 종가에는 1/8 가중치가 배분되며 시간이 오래될수록 가중치는 1/16, 1/32 . 이런 식으로 급격하게 감소하게 된다.

이렇게 복잡한 지수평활법을 누가 쓸까 의문이 들겠으나 당연히 쓰임새가 있다. 예컨대 MACD를 계산할 때 사용된다. MACD는 지수평활법 이동평균의 차이를 이용하여 매매 타이밍을 잡으려는 기법인데, 9일과 26일의 지수평활평균이 적용된다. 다음 장에서 MACD기법을 자세히 살펴볼 예정이니 그게 무언지 지금은 걱정하지 않아도 된다.

▌거래량 이동평균

이동평균을 구하는 대상이 굳이 주가가 아니어도 된다. 매일같이 들쑥날쑥한 거래량의 추이를 살피기 위해 거래량을 이동평균으로 나타낼 수도 있다. 사실 거래량은 주가만큼이나 중요한 자료이다. 거래량의 추이를 잘 살피면 주가의 미래를 예측하는 데 많은 도움이 된다. 일반적으로 거래량이 늘면 주가가 오르고, 거래량이 줄면 주가는 하락하게 마련이다. 왜냐하면 거래량이 많다는 것은 매수하는 사람이 많음을 뜻하고, 거래량이 작다는 것은 매수하는 사람이 적다는 것을 뜻하기 때문이다. 따라서 거래량이 많을수록 주가가 오를 확률이 높고 거래량이 적을수록 주가가 하락할 확률이 높은 건 당연한 일이다.

이런 이유로 유능한 분석가들은 거래량의 추이를 살피기 위해서 '거래량 이

차트 3-4 ▶ 거래량 이동평균선　거래량은 일정하게 움직이기보다는 매일같이 들쑥날쑥한 것이 보통이다. 갑자기 늘기도 하고 순식간에 줄어들기도 하는데 거래량을 이동평균으로 구해서 분석하면 거래량이 현재 증가세인지 감소세인지를 쉽게 알아볼 수 있다.

동평균'을 산출한다. 거래량은 시간이 지날수록 질서정연하게 서서히 감소하거나 또는 서서히 증가하는 것이 아니다. 오히려 매일같이 들쑥날쑥한 것이 보통. 갑자기 늘기도 하고 순식간에 줄어들기도 하는 것이 거래량이다. 그런 과정에서 전반적으로 거래량의 추세가 만들어진다. 거래량을 이동평균으로 구해서 분석하면 거래량이 현재 증가세인지 감소세인지를 쉽게 알아볼 수 있다.

 1분 | 질 | 문

최근의 종가가 이동 평균에 좀 더 많이 반영되는 이동평균을 무엇이라고 하는가?

가중이동평균이라고 하며, 선형가중이동평균과 지수평활법이 있다.

시장의 심리,
5일 이동평균선

이동평균은 구하는 기간을 자유자재로 설정하여 산출할 수 있다. 자기가 좋아하는 기간을 정해 마음대로 구하는데, 예를 들어 29일 이동평균, 88일 이동평균도 쉽게 계산된다. 그런데 일반적으로는 5일 이동평균선과 20일 이동평균선이 가장 많이 사용된다. 5일 이동평균은 1주일이라는 뜻이고, 20일 이동평균은 1달이라는 의미를 가지고 있다. 물론 달력에 1주일은 7일이고, 1달이 30일(혹은 31일)로 되어 있다는 것을 모르는 바가 아니지만, 실제로 주식시장이 개장되는 거래일(영업일)로 따지면 1주일은 5일, 1달은 20일이 분명하다.

내가 아는 어떤 투자자는 다른 사람들이 20일 이동평균선을 많이 사용한다며 자신은 그것보다 하루 빠른 19일 이동평균선을 선택한다고 했다. 그러나 19일 이동평균선이 20일 이동평균선보다 매매신호를 하루 빨리 나타내는 것은 결코 아니다. 만일 그 사람의 말이 맞다면 너도나도 이동평균을 구하는 기간을 20일에서 19일, 혹은 18일, 17일 등으로 줄이려고 할 것이다. 하지만 이동평균을 구하는 기간을 앞당겨서 결과가 좋았다는 말은 들어본 적이 없다. 이동평균을 구하는 기간을 더 앞당겨 결과를 좋게 만들려 노력하는 일은 쓸데없는 짓이다.

오히려 이동평균의 기간을 설정할 때 가장 중점을 두어야 하는 것은 어떤 기간의 이동평균을 사용하여야 가장 효과적으로 주가 움직임을 따라잡을 수 있는가 하는 점이다. 앞서 설명하였듯 주식시장에서 가장 널리 사용되는 것은 5일 이동평균선과 20일 이동평균선이다. 그러므로 자신만의 그야말로 '엄청난 비법'이 아니라면 다른 투자자들처럼 5일 이동평균선과 20일 이동평균선부터 사용하는 것이 무난하다. 많은 사람들이 사용한다는 것 자체가 그만큼 보편타당성을 지닌다는 의미가 되므로 굳이 이상한 이동평균, 가령 19일 또는 23일 같은 기간을 써야 할 필요는 없지 않겠나.

이동평균선은 산출하는 기간이 단기간인지(단기 이동평균선) 아니면 장기간인지(장기 이동평균선)에 따라 각각 다른 특징을 갖는다. 산출하는 기간이 짧을수록 최근 움직임이 이동평균에 많이 반영된다. 반면에 산출하는 기간이 길수록 단기적인 등락보다는 대세와 장기적인 주가의 흐름이 잘 나타난다.

5일 이동평균선은 이동평균선 가운데에는 가장 기간이 짧은 이동평균선이다. 물론 이론적으로 2일, 3일 이동평균도 구할 수 있겠으나 그것은 워낙 단기간이서 평균으로서의 의미가 없다. 그래도 5일 정도는 되어야 평균이라고 말할 수 있다. 어쨌거나 5일 이동평균선은 단기 이동평균이므로 최근의 주가 움직임에 민감하게 반응한다. 주가 흐름이 상승세로 바뀌었다면, 그 흐름을 가장 예민하게 포착하여 상승세로 돌아서는

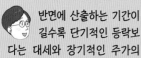

반면에 산출하는 기간이 길수록 단기적인 등락보다는 대세와 장기적인 주가의 흐름이 잘 나타난다.

것이 바로 5일 이동평균선이다. 아울러 일주일 동안의 주가 움직임이 모두 나타나 있으므로 추세 전환을 포착하기가 더할 나위 없이 좋다. 한마디로 5일 이동평균선은 추세 전환을 알리는 신호탄인 셈.

통상, 주식시장에서 5일 이동평균선은 심리선으로도 지칭된다. 주식시장의 심리를 잘 나타내어준다는 뜻이다. 주식시장에 참여하는 투자자들의 심리는 조변석개(朝變夕改), 즉 하루가 다르게 바뀌는 법이다. 며칠 동안은 시장의 미래에 대해 낙관하는 것 같더니 금세 돌아서서 비관하기 일쑤고, 그러다가도 약간의 호재만 나오면 언제 비관했느냐는 듯 후다닥 낙관론으로 돌아서는 경우가 비일비재하다. 그런데 이러한 단기적인 시장 심리의 변화는 고스란히 5일 이동평균선에 묻어난다. 시장 심리가 낙관적으로 바뀌면 5일 이동평균선은 상승하는 반면, 심리가 비관적으로 전환되면 5일 이동평균선 역시 하락한다. 따라서 5일 이동평균선의 움직임을 살피면 시장의 심리 변화를 읽어낼 수 있다.

▌ 5일 이동평균선을 이용한 실전매매

① 주가가 5일 이동평균선을 넘어설 때가 타이밍

5일 이동평균선은 5일, 즉 일주일 동안의 주가 흐름을 대표하는 것이다. 따라서 현재 주가가 5일 이동평균선 위쪽에 위치하고 있다면 주가가 대표값보다 위쪽에 있는 것이므로 지금이 상승세라고 말할 수 있다. 반대로 현재 주가가 5일 이동평균선 아래쪽에 위치한다면 현재의 주가는 하락세라고 판단할 수 있다.

이처럼 이동평균선과 주가와의 관계로 추세를 파악했다면 이번에는 결정

차트 3-5 ▶ 5일 이동평균선을 이용한 매매   주가가 5일 이동평균선을 아래에서 위로 상향 돌파하는 순간이 매수 타이밍이다. 반대로 주가가 5일 이동평균선을 위에서 아래로 하향 돌파하면 이때가 결정적인 매도 타이밍이 된다.

적인 매매 타이밍을 선택하기 위하여 추세가 바뀌는 시기를 파악해야 한다. 가장 좋은 매수 기회는 주가가 하락하다가 상승하는 때이고, 반대로 가장 절묘한 매도 시기는 주가가 한창 상승하다가 하락세로 막 바뀌는 때일 터. 결정적인 매매시기 포착을 위해서 주가가 상승세에서 하락세로 언제 전환될지 혹은 주가가 하락세에서 상승세로 언제 전환될지를 정확하게 판단해야 한다.

이때 주가가 5일 이동평균선을 넘나들 때가 타이밍이다. 예컨대 주가가 5일 이동평균선을 아래에서 위로 상향 돌파하는 순간이 바로 상승세로 바뀌는 시점이다. 그러므로 이때가 절호의 매수 타이밍이다. 반대로 5일 이동평균선 위쪽에 위치하던 주가가 5일 이동평균선을 위에서 아래로 하향 돌파하면 이때가 결정적인 매도 타이밍이 된다.

② 5일 이동평균선의 방향을 보라

차트에서 알 수 있듯이 5일 이동평균선의 방향이 하락하다가 상승하는 쪽으로 돌아서면 상당 기간 상승세가 이어진다. 그러다가 다시 이동평균선 방향이 하락하는 쪽으로 돌아서면 하락세가 상당 기간 나타난다. 따라서 이동평균선의 방향이 지시하는 대로 거래하는 것이 효과적인 거래 방법이다.

③ 안정적으로 매매하는 법

앞서 주가가 이동평균선을 넘나들 때를 매매 타이밍으로 잡는다고 설명하였다. 그런데 빠르고 신속하게 매도, 매수 타이밍을 잡는다고 반드시 좋은 건

차트 3-6 ▶ 5일 이동평균선을 이용하는 안정적인 매매　차트 3-5와 동일한 차트인데, 단순히 주가가 5일 이동평균선을 넘나드는 순간을 매매 타이밍으로 간주하지 않고 주가가 5일 이동평균선을 상향 돌파하면서 동시에 5일 이동평균선이 상승할 때를 매수 타이밍으로 간주하고, 반대로 주가가 5일 이동평균선을 하향 돌파하면서 동시에 5일 이동평균선이 하락할 때를 매도 타이밍으로 삼았다. 이럴 경우 성급한 매매를 줄일 수 있어 훨씬 안정적이다.

아니다. 너무 빠르면 자칫 주가가 일시적으로 반등하거나 반락할 때 이를 추세 전환으로 오해할 우려가 있다. 판단이 너무 성급하면 그만큼의 대가를 치르게 마련이다.

따라서 가장 안정적이고 무난한 매매방법은 첫 번째, 두 번째 조건을 모두 만족하는 때를 매매 타이밍으로 잡는 것이다. 다시 말하여 주가가 5일 이동평균선을 돌파하였다고 하여 즉각 매수하지 않고 일단 지켜보다가, 5일 이동평균선의 방향이 돌아서면 그때를 확실한 매매 타이밍으로 인식하는 방법이다.

매수 타이밍은 주가가 5일 이동평균선을 아래에서 위로 넘어선 다음에 5일 이동평균선의 방향이 상승세로 돌아설 때이고, 반대로 매도 타이밍은 주가가 5일 이동평균선을 위에서 아래로 내려선 다음에 5일 이동평균선의 방향이 하락세로 돌아설 때로 설정된다. 물론 이런 방법을 채택하면 매매 타이밍이 약간 늦어질 수도 있다. 대신에 훨씬 안정적으로 거래할 수 있다는 장점은 무시할 수 없다.

 1분 | 질 | 문

5일 이동평균선을 다른 말로 무엇이라고 하는가?
주식시장의 심리를 나타낸다고 하여 심리선으로 부른다.

추세의 생명줄,
20일 이동평균선

5일 이동평균선이 일주일을 대표하는 이동평균선이라면 20일 이동평균선은 한 달을 대표하는 이동평균선이다. 20일 이동평균선은 5일 이동평균선보다 긴 기간의 주가를 평균하여 산출해 낸 것이므로 그 기간 중 하루, 이틀 정도 주가가 일시적으로 불규칙한 등락을 보이더라도 전체 이동평균에 미치는 영향은 크지 않다. 따라서 그만큼 안정적이라고 말할 수 있다.

그러나 20일 이동평균선이 안정적으로 움직인다는 것을 달리 표현하면 20일 이동평균선은 5일 이동평균선보다 주가 움직임에 다소 둔감하다는 말도 된다. 5일 이동평균선이야말로 민감하기가 이를 데 없어서 주가가 조금이라도 오르고 내릴 때마다 즉각 반응한다. 하지만 20일 이동평균선은 살짝 둔감하기에 주가 움직임이 20일 이동평균선에 영향을 미치려면 며칠 동안 주가가 꽤 많이 오르거나 내려야 한다. 안정적이라고 항상 좋은 것만은 아니다.

앞서 5일 이동평균선을 두고 주식투자자들의 단기적인 심리 상태를 보여준다는 의미에서 '심리선'이라고 설명했다. 그렇다면 20일 이동평균선은 무엇

차트 3-7 ▶ 추세의 생명선, 20일 이동평균선   20일 이동평균선은 추세선으로 작용한다. 20일 이동평균선이 상승한다면 현재의 추세는 상승세이고, 20일 이동평균선이 하락한다면 현재의 추세는 하락세로 간주된다. 20일 이동평균선이 무너지면 추세가 하락세로 바뀌므로 20일 이동평균선은 종종 추세의 생명선으로 간주된다.

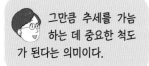

그만큼 추세를 가늠하는 데 중요한 척도가 된다는 의미이다.

일까? 20일 이동평균선으로는 중기적인 주식시장의 추세를 더욱 잘 파악할 수 있으므로 주식시장에서는 '세력선' 또는 '추세선'으로 불린다.

20일 이동평균선이 추세선으로 작용하므로 20일 이동평균선의 움직임을 분석하면 추세를 파악할 수 있다. 20일 이동평균선이 상승한다면 현재의 추세는 상승세인 것이고, 20일 이동평균선이 하락한다면 현재의 추세는 하락세로 간주할 수 있다. 같은 논리로 추세가 전환하는 시기도 20일 이동평균선으로 확인할 수 있다. 20일 이동평균선의 움직임에 주의하면 된다. 20일 이동평균선이 상승하다가 하락하는 쪽으로 돌아섰다면 추세가 하락세로 전환된 것이다. 그 반대로 20일 이동평균선이 하락하다가 상승하는 것으로 돌아섰다면 추세가 상승세로 전환된 것이다.

사실 주가의 움직임이 추세이긴 하지만, 주가의 움직임만을 살펴서는 도무지 추세를 알아낼 수 없다. 왜냐하면 주가의 움직임이 변화무쌍하기 때문이다. 매일 일정하게 상승하거나 아니면 꾸준하게 하락하는 경우란 찾아보기 어렵고, 대부분 하루가 다르게 오르내림을 반복하기 때문이다. 어제의 움직임으로는 상승세인 것 같다가, 오늘은 돌연 하락세처럼 보이는 일이 다반사이다.

결국 추세를 파악하려면 이동평균선을 활용할 수밖에 없는데, 앞서 설명한 바와 같이 단기적인 시장 흐름은 주가가 5일선을 돌파하는 것으로 확인할 수 있다. 또한 그보다 더 장기 추세는 20일선으로 확인할 수 있다.

주가가 20일 이동평균선을 위에서 아래로 넘어서면, 즉 하향 돌파한다면 그동안 이어지던 상승세는 끝나고 곧 하락세가 시작된다고 보아야 한다. 당연히 주가가 20일 이동평균선을 아래에서 위로 올라서면, 즉 상향 돌파하면 상승세가 시작된다.

이것은 5일 이동평균선과 주가와의 관계와도 같다. 그런데 20일 이동평균선은 5일 이동평균선과는 달리 기간도 길고 따라서 안정적이므로 주가가 좀처럼 20일 이동평균선을 넘나들기 어렵다. 따라서 만일 주가가 20일 이동평균선을 상향, 또는 하향 돌파하였다면 추세에 중요한 변화가 나타난 것으로 간주해야 한다.

결국 20일 이동평균선이 추세의 경계선, 최후의 보루가 되는 셈. 20일선을 무너뜨리면 안 되기 때문에 20일 이동평균선이 추세의 생명선으로 간주되는 것이다.

차트 3-8 ▶ 5일선과 20일선의 돌파　주가가 5일선을 돌파하면 단기추세가 바뀐 것으로 간주되며 주가가 20일선을 돌파하면 추세에 중요한 변화가 나타난 것으로 간주해야 한다. 차트에서 확인할 수 있듯이 주가가 20일선을 하향돌파한 이후 본격적인 하락세가 나타났으며, 이후 주가가 20일선을 상향돌파하자 꾸준한 상승세가 이어졌다.

▌심리선, 추세선, 수급선, 경기선

일반적으로 주식시장에서는 각각 일주일, 한 달, 석 달, 그리고 6개월을 의미한다는 이유로 5일 이동평균선, 20일 이동평균선, 60일 이동평균선, 120일 이동평균선 등이 널리 사용된다.

　그리고 5일 이동평균선은 주식시장의 단기적인 심리를 나타내므로 심리선으로 지칭되고, 20일 이동평균선은 주식시장의 단기적인 추세를 나타내므로 추세선으로 불린다고 이미 설명하였다. 그렇다면 60일 이동평균선이나 120일 이동평균선에는 다른 별명이 없을까? 당연히 있다.

60일 이동평균선은 주식시장에서의 수요와 공급간 균형을 보여준다는 뜻으로 수급선으로 불린다. 만약 주가가 하락해서 60일 이동평균선을 하향 돌파했다면 수급선을 무너뜨린 것으로 간주된다. 다시 말하여 주식시장에서 수요와 공급의 균형이 무너졌다는 신호로 해석되는 것이다. 가격이라는 것은 수요와 공급의 균형에 따라 결정된다는 것은 경제학 교과서 1페이지에 나오는 상식이다. 그러므로 수요와 공급의 균형이 무너졌다면 가격에는 큰 변화가 있을 수밖에 없다.

주가가 60일 이동평균선 마저 무너뜨리고 하락하였다면 그만큼 공급, 즉 매도세가 강력하다는 뜻이 된다. 이런 상황이라면 당분간 주가가 하락세를 이어갈 수밖에 없다. 반대로 주가가 60일 이동평균선 마저 넘겨 상승하였다면 그만큼 수요, 즉 매수세가 강력하다는 뜻이 된다. 이런 상황에서는 한동안 주가가 상승세를 이어갈 것으로 예상된다.

그리고 120일 이동평균선은 꽤 장기간의 움직임을 토대로 산출한 것이다. 그만큼 단기적인 주가의 세세한 변화에는 둔감하며 천천히 느릿느릿 움직인다. 120일 이동평균선은 경기전망과 일치하는 경향이 있기 때문에 경기선이라 불린다.

현재 추세가 상승세인 차트에서는 주가가 120일 이동평균선의 한참 위쪽에 있으며, 이때 120일 이동평균선은 상당히 낮은 수준에서 매우 천천히 움직인다. 그런데 주가가 어떤 이유에서건 연일 하락해서 120일 이동평균선 근처까지 위치하면 120일 이동평균선은 지지선으로 작용한다. 웬만해서는 상승세에서 주가가 120일 이동평균선을 무너뜨리고 더 내려가는 일은 없다. 하지만

〈유안타증권〉 2020/01/08 종: 2,740(▼100 -3.52%) 시: 2,840 고: 2,840 저: 2,735
가격이동평균 2,828 2,831 2,755 2,743

3,305(2019/06/25)

120일 = 경기선

60일 = 수급선

20일 = 추세선

5일 = 심리선

2,410(2019/08/07)

2019/05/17   06/03   07/01   08/01   09/02   10/01   11/01   12/02   2020   2020/01/08

차트 3-9 ▶ 심리선, 추세선, 수급선, 경기선   이동평균선에서 5일선은 심리선, 20일선은 추세선, 60일선은 수급선, 그리고 120일선은 경기선으로 각각 지칭된다.

만일 주가가 더욱 하락하여 120일 이동평균선마저 하향 돌파한다면, 문제는 심각해진다. 이것은 단기적인 심리나 혹은 추세, 아니면 주식시장의 수급 불균형 정도가 아니라 경기 전망이 불투명하다는 뜻이므로 우리나라 경제 전반에 문제가 있다는 뜻으로 해석된다.

 1분 | 질 | 문

20일선, 60일선, 120일선은 각각 무엇이라고 하는가?

20일선은 추세선, 60일선은 수급선, 그리고 120일선은 경기선으로 각각 지칭된다.

이동평균선으로
매수·매도 실전매매

▌ 정배열과 역배열

과거의 주가 움직임을 기간별로 평균을 낸 이동평균은 주가의 추세를 파악하기 위한 효과적인 수단이다. 그런데 '평균'이므로 구하는 기간에 따라 주가 변동의 영향이 다르게 작용한다. 예를 들어 오늘의 주가가 500원 올랐다고 하자. 이 경우 5일간의 주가 평균을 내는 5일 이동평균선에는 +100원의 영향을 미칠 것이지만, 20일 이동평균에는 고작 +25원의 영향만 미친다. 이동평균을 구하는 기간이 짧으면 짧을수록 오늘의 주가 움직임이 이동평균에 많이 반영될 것이고 반대로 이동평균을 구하는 기간이 길면 길수록 오늘의 주가 변동폭이 이동평균에 조금 반영되겠다.

이 논리를 확장하면 차트에 나타나는 이동평균선과 주가의 배열, 즉 주가와 이동평균선의 위치를 토대로 추세를 파악할 수 있다.

① 정배열과 역배열

차트에서 주가와 이동평균선의 위치가 위에서 아래로 '주가 → 단기 이동 평균 → 장기 이동평균'의 순서로 놓이는 것을 이동평균의 정배열이라고 한다. 정배열인 상태는 주가가 한창 상승세를 진행하고 있을 때이다. 왜냐하면 단기 이동평균일수록 오늘의 움직임이 많이 반영될 것인데, 그것이 장기 이동평균 선보다 위쪽에 위치하고 있다는 것은 지금이 상승세이기 때문이다.

정배열이 무엇인지 이해했다면 역배열은 그 반대의 경우이므로 쉽게 알 수 있다. 차트에서 주가와 이동평균선의 위치가 위에서 아래로 '장기 이동평균 → 단기 이동평균 → 주가'의 순서로 놓이는 것을 이동평균의 역배열이라고 한다.

차트 3-10 ▶ 삼성물산의 차트는 10월 이후 정배열로 바뀌었다. 주가가 제일 위쪽에 위치하고, 그 아래로 5일 이동평균선, 20일 이동평균선, 60일 이동평균선, 120일 이동평균선이 차례로 배열되었다. 차트에서 알 수 있듯이 정배열이 완성되었다고 상승추세가 끝난 것이 아니라 오히려 더욱 추세가 강화되었다.

역배열 상태는 주가가 한창 하락세에 놓여 있을 때이다.

　물론 차트에 두 개 이상의 더 많은 이동평균선을 나타낼 수도 있다. 5일 이동평균선, 20일 이동평균선 외에도 60일 이동평균선, 120일 이동평균선 등도 차트에 표시해 매매의 타이밍을 결정하는 데에 참고할 수 있는 것이다.

　이동평균선이 정배열이라면 가장 위쪽에 주가가 위치하고, 그 아래로 5일 → 20일 → 60일 → 120일 이동평균의 순서가 된다. 역배열이라면 추세 변화에 가장 둔감한 장기 이동평균선인 120일 이동평균선이 가장 위쪽에 위치하고, 그 아래로 120일 → 60일 → 20일 → 5일 이동평균의 순서가 될 것이다.

차트 3-11 ▶　S-Oil의 차트는 2020년1월 이후 역배열로 바뀌었다. 주가가 제일 아래쪽에 위치하고, 그 위로 5일 이동평균선, 20일 이동평균선, 60일 이동평균선, 120일 이동평균선이 차례로 배열되었다. 차트에서 알 수 있듯이 역배열이 완성되었다고 하락추세가 끝난 것이 아니라 오히려 더욱 추세가 강화되었다.

② 정배열이나 역배열 상황에서는 거래를 서두르지 마라

이러한 기간별 이동평균선의 정배열과 역배열이라는 위치에 따라 현재 추세가 어떤 상황으로 진행 중인지 알 수 있다. 그런데 여기서 주의해야 할 것은, 이동평균선이 정배열이나 역배열로 나란히 되어 있다면 상승추세 또는 하락추세가 한창 강력하게 진행 중일 때이므로 섣불리 매매에 나서지 않아야 한다는 사실이다.

정배열일 때는 현재 강력한 상승추세가 진행 중이므로 주가가 더 올라갈 가능성이 높다. 따라서 이런 상황에서는 굳이 보유하고 있는 주식을 성급하게 매도할 필요가 없다. 좀 더 기다렸다가 매도하면 그만큼 더 높은 수준에서 팔 수 있으므로 기다린 만큼 더 많은 수익을 낼 수 있다.

역배열일 때는 현재 강력한 하락추세가 진행 중이므로 주가가 더 내려갈 가능성이 높다. 따라서 이런 상황에서는 굳이 주식을 성급하게 매수할 필요가 없다. 좀 더 기다렸다가 매수하면 그만큼 더 낮은 가격에서 매수할 수 있으므로 유리하다.

골든크로스와 데드크로스

이동평균선의 위치가 정배열 또는 역배열인 상태는 추세가 계속해서 진행 중이라는 의미이므로 적절한 매매 타이밍이 아니다. 오히려 정배열이나 역배열 상태가 끝나는 시점, 즉 한창 진행되던 추세가 막 전환될 때가 절호의 매매 타이밍이다. 내내 이어지던 하락세가 끝나고 상승세로 막 돌아설 때가 최적의 매수 기회가 될 것이고, 끝없이 지속되던 상승세가 마무리되고 하락세가 막 시작될 무렵이 절대적인 매도 기회가 된다. 그리고 이 같은 매매시점을 이동평균선으로 알 수 있다.

추세가 하락세일 때에는 이동평균선이 역배열 상태를 유지하고, 추세가 상승세일 때에는 이동평균선이 정배열 상태를 유지한다. 그런데 추세가 전환되려면, 다시 말하여 하락세가 상승세로 바뀌거나 거꾸로 상승세가 하락세로 바뀌려면 이동평균선의 배열에 변화가 반드시 나타날 수밖에 없다.

추세가 바뀔 때가 바로 이동평균선의 배열이 바뀌는 순간인데, 이처럼 이동평균선의 위치가 변하려면 각각의 이동평균선이 서로 교차해야 한다. 이동평균선이 서로 교차하여 만나지 않고서야 위치가 바뀔 리 없기 때문이다.

그러므로 이동평균선이 서로 교차할 때가 결정적으로 추세가 바뀌는 시점으로 간주되므로 바로 그 순간이 매수 혹은 매도시점이 된다. 교차된 지점이 골든크로스일 때에는 매수하고, 데드크로스일 때가 매도하는 시기이다.

① 골든크로스를 이용한 실전매매

골든크로스는 두 개의 이동평균선이 서로 교차하면서 '황금 같은 매수기회'가 나타났다는 신호를 만든다는 뜻. 이동평균선이 역배열이었다가 위치가 막 바뀌는 순간, 즉 지금까지는 아래에 위치했던 단기 이동평균선이 그 위에 있던 장기 이동평균선을 넘어서면서 상향 돌파하는 시기를 골든크로스라고 한다.

골든크로스가 나타나면 그야말로 황금의 찬스이므로 즉각 매수에 나서야 한다.

차트 3-12 ▶ 골든크로스를 이용한 실전매매 골든크로스가 나타나면 황금의 매입기회로 활용하여야 한다. 차트에서 확인할 수 있듯이 골든크로스에 매입하였다면 좋은 타이밍이었다.

② 데드크로스를 이용한 실전매매

데드크로스는 두 개의 이동평균선이 서로 교차하면서 '지금 매도하지 않으면 죽음의 길'이라는 신호를 나타낸다는 뜻이다. 이동평균선이 정배열이었다가 위치가 막 바뀌는 순간, 즉 지금까지는 위에 위치했던 단기 이동평균선이 그 아래에 있던 장기 이동평균선을 넘어서면서 하향 돌파하는 시기를 데드크로스라고 한다.

데드크로스가 나타났을 때 매도하지 않으면 그야말로 죽음의 길로 들어서는 꼴이므로 당연히 즉각 매도에 나서야 한다.

l〈삼성중공업〉2019/10/14 종: 8,140(▲180, +2.26%) 시: 8,100 고: 8,170 저: 8,070
l 가격이동평균 7,968 8,049

8,470 (2019/09/16)

매도

매수

매도

매수

3,070 (2020/03/23)

차트 3-13 ▶ 데드크로스를 이용한 실전매매   데드크로스가 나타나면 서둘러 매도하여야 한다. 차트에서 확인할 수 있듯이 데드크로스에 매도하였다면 좋은 타이밍이었지만, 만일 매도를 서두르지 않았다면 그 이후의 주가 하락은 참담하였다.

▌이동평균선의 지지와 저항

이동평균선은 특정한 기간의 모든 주가 움직임을 하나의 선으로 나타낸 것이다. 이동평균선은 따라서 그 기간의 주가 움직임을 대표한다. 그런데 만일 주가가 그 선을 넘어 움직이려고 한다고 하자. 그렇게 되면 지금의 주가는 대표되는 선을 넘기는 꼴이고 결국 새로운 흐름을 개척하는 셈이 된다. 우리 사회도 그렇듯 새로운 움직임이 나타나려고 할 때에는 그것에 동조하기 보다는 오히려 반대하여 길을 가로막고 움직임을 방해하려는 경향이 크다. 이동평균선도 마찬가지이다.

주가가 이동평균선을 넘어서 상승하려 할 때에는 이동평균선이 나서서 주

차트 3-14 ▶ 이동평균선의 지지와 저항   20일 이동평균선은 추세를 가늠하는 중요한 이동
평균선이다. 따라서 20일 이동평균선은 종종 강력한 지지선이나 저항선으로 작용한다. 주가가
20일선 아래에 있어 추세가 하락세일 때에는 20일선이 저항선이 되고, 반대로 주가가 20일선
위에 있어 추세가 상승세일 때에는 20일선이 지지선이 된다.

가가 너무 오르는 것을 막아서는 저항선으로 작용하며, 반대로 주가가 이동평
균선을 넘어서 하락하려 할 때에는 이동평균선이 나서서 주가가 너무 내리는
것을 막아서는 지지선으로 작용한다. 따라서 이동평균선의 이같은 성질을 잘
이용하면, 지지선이나 저항선이 어느 수준이 될지 쉽게 예상할 수 있다.

이동평균선을 산출하는 기간에 따라 지지선이나 저항선의 역할도 달라지
는데, 예컨대 가장 단기인 5일 이동평균선은 주가가 만나는 첫 번째 1차 저항
선(혹은 지지선)이 될 것이고, 설령 그것을 넘어선다고 하여도 20일 이동평균선
이 2차 저항선(혹은 지지선)이 된다. 당연한 말이지만 그 다음으로 60일 이동평
균선이 3차 저항선(혹은 지지선), 120일 이동평균선이 4차 저항선(혹은 지지선)

으로 작용할 것이다.

어느 수준에서 지지나 저항이 나타날 것인지 예상할 수 있다면 매매전략을 수립하는 일도 쉬워진다. 지지선 언저리에서 매수하고, 저항선 근처에서 매도하면 된다.

 1분 | 질 | 문

골든크로스가 무엇인가?

단기 이동평균선이 장기 이동평균선을 아래에서 위로 돌파하는 현상으로 절호의 매입기회로 간주된다.

이동평균선의 예상 진로를 계산하라

지금까지 이동평균선의 여러 가지 특징과 이동평균선을 이용한 매매전략에 대해 살펴보았다. 그런데 이동평균선은 여러 장점에도 불구하고 시차 문제라는 치명적인 결점이 있다. 쉽게 말하여 이동평균선의 신호가 너무 늦다. 주가가 상승한지 한참이나 지나서야 비로소 골든크로스가 발생하면서 매수 신호를 나타내고, 반대로 주가가 하락한지 한참이나 지나서야 비로소 데드크로스가 발생하면서 매도 신호를 나타내기 일쑤이다.

주가의 바닥에서 매수신호를 발령하고, 주가의 꼭지에서 매도신호를 알려주었으면 좋겠는데, 이동평균선은 그렇지 않다. 되레 늦다. 주가의 움직임을 앞서기는커녕 후행하기 마련이다. 물론 골든크로스나 데드크로스만으로도 충분하다. 골든크로스가 발생할 때 매수하고, 데드크로스가 발생할 때 매도하는 것으로도 수익을 얻는다. 그러나 인간의 욕심은 한이 없는지라 조금이라도 빨리 매매 타이밍을 잡고 싶다.

이를테면 이동평균선의 방향이 어떻게 될지, 그리고 언제 골든크로스 혹은 데드크로스가 발생할지 미리 예측할 수만 있다면 대단히 유용할 것이다. 그렇게만 된다면 마치 태풍의 진로를 미리 아는 것처럼 상당히 도움이 되겠다. 그런데 사실 이동평균선의 방향을 예측하는 일은 그리 어렵지 않다.

이동평균을 구하는 공식을 다시 정리해 보자.

첫째, 6일째의 5일 이동평균은 5일째의 이동평균에다 6일째 종가와 1일째 종가 차이를 한 것을 더한다.

둘째, 6일째의 5일 이동평균을 구할 때 6일째 종가와 1일째 종가 차이를 더하지 않아도 된다. 새로운 방식에 따라 6일째 종가와 어제 이동평균과의 차이를 5로 나눈 것을 더한다.

예를 들어 주가가 다음의 표와 같이 움직였다고 가정해 보자.

일자	주가	5일 이동평균
1	100	
2	110	
3	120	
4	130	
5	140	120
6	150	130

5일째의 이동평균은 $M5 = \dfrac{100 + 110 + 120 + 130 + 140}{5} = 120$으로 산출된다.

그리고 6일째의 이동평균은 $M6 = \dfrac{110 + 120 + 130 + 140 + 150}{5}$ $= 130$이 된다. 그런데 6일째의 이동평균을 구할 때 위의 계산처럼 5일간의 종가를 모두 더하고, 합한 값 650을 5로 나누는 식으로 하지 않아도 된다. 어제까지의 이동평균이었던 120에다 6일째 종가 150과 첫날 종가 100의 차이 50의 1/5인 10을 더하면 이동평균을 130으로 계산할 수 있다. 또한 간편 계산법으로 구할 수 있는데, 어제까지의 이동평균 120에다 6일째 종가 150과 어제의 이동평균 120과의 차이 30의 1/5인 6을 더하면 126으로도 이동평균을 구할 수 있다.

이동평균을 간편식으로 산출하면 125가 되므로 정식으로 구한 이동평균 130과 약간 차이가 난다. 하지만 현실에서 실제로 이동평균선을 활용할 때에는 차이가 심하게 나지는 않는다. 더구나 간편식은 첫날의 종가 100이라는 데이터를 보관할 필요 없이 어제의 이동평균 120만 알면 오늘의 이동평균을 손쉽게 구할 수 있다는 장점이 있으므로 최근에 많이 사용되고 있다.

이처럼 이동평균을 구하는 원리를 모두 알았다면 이제 내일의 이동평균은 얼마가 될지 미리 예측할 수도 있다. 물론 아직 내일이 되지 않았으므로 내일의 주가가 얼마일지 정확히 알 수 없다. 하지만 적어도 내일의 이동평균이 오늘보다 클지 적을지는 예상할 수 있다.

간편식을 사용한다면 내일, 즉 7일째 이동평균은 6일째 이동평균 126과 7일의 종가와 차이의 1/5을 6일째 이동평균에 더하여 산출된다. 따라서 내일의 종가가 126보다 크다면 내일의 이동평균은 분명 오늘의 이동평균보다 더 큰 숫자가 될 것이고, 거꾸로 내일의 종가가 126보다 적다면 내일의 이동평균은 오늘의 이동평균보다 적은 숫자가 될 것이다. 위의 표에서는 6일째의 종가가 150이라고 하였으니 하루 만에 주가가 폭락하여 126 이하로 주저앉을 공산은 낮다. 따라서 상당히 높은 확률로 내일의 이동평균은 오늘의 이동평균보다 큰 숫자가 되리라 판단되고, 그기에 현재의 상승추세는 더 이어지리라 예상된다. 이런 예측을 바탕으로 한다면 굳이 서둘러 오늘 주식을 매도할 필요는 없겠다.

▎골든크로스와 데드크로스를 미리 계산한다

앞서 설명한 방식은 대단히 유용하다. 그리고 20일 이동평균선의 방향도 같은 논리로 계산할 수 있다. 단순하게 말하면 오늘의 종가와 오늘의 20일 이동평균을 서로 비교하는 것으로도 대략적인 방향을 가늠할 수 있다. 오늘의 종가가 이동평균에 비하여 훨씬 높아서 이변이 벌어지지 않는 한 내일의 주가 수준이 이동평균보다 낮지 않으리라 예상된다고 하자. 이럴 경우라면 내일의 이동평균선은 당연히 오늘의 이동평균선보다 높은 수준에서 결정될 것이다. 이것이 바로 이동평균의 방향이다. 그리고 이동평균선이 상승세를 지속하는 한 추세는 상승세이다.

또한 5일 이동평균선의 방향과 20일 이동평균선의 방향을 각각 예측할 수 있다면, 당연히 골든크로스나 데드크로스가 발생할지 여부도 미리 예측할 수 있다. 예를 들어 오늘의 종가와 5일 이동평균, 그리고 20일 이동평균을 각각 비교해 보았더니 5일 이동평균선은 내일도 상승할 것으로 예상되는 반면에 20일 이동평균은 여전히 하락할 것으로 예측된다고 하자. 이런 상황이라면 내일 골든크로스가 발생할 가능성은 높아지는 것이다.

좀 더 구체적으로 알아보자. 이동평균선의 방향을 예측할 때 단순히 "골든크로스가 발생할 것 같다"는 추측만이 아니라, 내일 골든크로스가 발생하기 위해서는 주가가 얼마 이상이 되어야 하는지 계산할 수도 있다.

일자	주가	5일 이동평균	20일 이동평균
1	100		
2	110		
3	120		
4	130		
5	140	120	130
6	150	126	131

예를 들어 주가의 움직임이 다음의 표와 같고, 20일 이동평균이 5일째에는 130으로 산출되었다고 하자. 현재 5일 이동평균선은 120이므로 20일 이동평균선보다는 낮은 위치에 있다.

이런 상황에서 간편식을 사용하여 6일째의 5일 이동평균을 계산하면 $M(5)_6 = 120 + \dfrac{150 - 120}{5} = 126$이 된다.

또한 6일째의 20일 이동평균은 $M(20)_6 = 130 + \dfrac{150 - 130}{20} = 131$로 구해진다. 여전히 이동평균선의 배열에서 5일 이동평균선이 20일 이동평균선의 아래에 위치하고 있다. 그렇다면 아직 오지 않았지만, 7일째가 되면 이동평균선은 어떤 위치가 될까? 만일 7일째에 골든크로스가 발생하려면 주가가 어떻게 움직여야 할까? 우리는 계산에 의해서 골든크로스가 발생할 조건을 미리 계산해볼 수 있다.

7일째의 종가가 어떻지 아직 모르므로 그것을 X라고 하자. 그러면 7일째의 5일 이동평균은 $M(5)_7 = 126 + \dfrac{X - 126}{5}$로 구해진다.

마찬가지로 7일째의 20일 이동평균은 $M(20)_7 = 131 + \dfrac{X - 131}{20}$으로 구할 수 있다.

따라서 두 이동평균이 서로 교차하려면, $126 + \dfrac{X - 126}{5} = 131 + \dfrac{X - 131}{20}$의 등식이 성립해야 한다.

이것을 풀어보면 X = 157.67로 계산된다. 결국 6일째의 종가가 150인 상황에서 그 다음날인 7일째의 종가가 150보다 조금 더 높은 157.67 이상으로만 결정되면 드디어 5일 이동평균선이 20일 이동평균선을 상향 돌파하는 골든크로스가 발생한다.

복잡한 수학 공식을 잔뜩 사용한 것 같으나, 찬찬히 살펴보면 사실 아무것도 아니다. 위의 공식이 의미하는 것을 잘 익혀두면 현재 상황에서 내일 골든크로스가 나타날지 어떨지, 그리고 골든크로스가 발생하려면 주가가 얼마나 오르면 되는지 등을 쉽게 계산할 수 있으므로 매매의 의사결정을 내리는 데에 대단히 효과적으로 활용된다.

과학적인 보조지표

Chapter 4

OBV?

스토캐스틱

95%의 통계적 확률

볼린저 밴드

TV 퀴즈 프로그램에서 벌어진 일이다. 준비된 문제를 풀고 우승자가 결정되자 사회자가 설명하였다. "축하합니다. 우승자님. 3개의 문 가운데 하나를 선택하십시오. 자동차가 숨어있는 문을 고르시면 그 차는 당신의 것입니다. 물론 나머지 문에는 자동차가 없습니다."

우승자가 고민 끝에 1번 문을 선택하였다. "이걸로 하겠습니다." 그러자 사회자가 "잘 알았습니다. 거기에 자동차가 있을까요? 혹시 다른 문에는 무엇이 있을까요?"라고 말하며 선택하지 않았던 3번 문을 열어 보여준다. 앗! 거기는 비어있다! 사회자가 다시 묻는다. "정말로 1번문에 자동차가 있을까요? 생각이 변하셨다면 지금이라도 2번 문으로 바꾸실 수 있습니다. 바꾸실래요? 아니면 그대로 1번 문으로 하실래요?"

잠깐! 당신이라면 여기서 어떻게 할까? 바꿀까? 아니면 그대로 있을까? 바꿀 때와 바꾸지 않았을 때 자동차가 당첨될 확률은? 그렇다. 50%이다, 다시 묻는다. 당신이라면 어떻게 할 것인가? 그런데 솔직히 말한다면 당신이 어떻게 할지 나는 다 안다. 그래 맞다. 당신이 생각한 것과 같다. 틀림없이 선택을 바꾸지 않을 것이다. 그렇지 않은가? 어떻게 알았을까? 쉽다. 나는 이 이야기를 강의에서 종종 써먹는데, 수강생들에게 물어보면 "바꾸겠다"고 말하는 사람은 5%도 안 된다. 95% 이상이 "바꾸지 않겠다"고 말한다. 당신도 마찬가지일 것이다.

그러나 틀렸다. 선택을 바꾸어야 한다. 그래야 확률이 높다. 그럴 리가 있나. 바꾸거나 바꾸지 않거나 50 대 50 아닌가? 반문하겠지만 그게 아니다. 아래의 표를 보라. 우리가 생각할 수 있는 경우의 수는 모두 세 가지. 1번 문에 자동차가 숨어있거나, 2번 문에 자동차가 숨어있거나, 3번 문에 자동차가 숨어있는 경우이다.

	1번 문	2번 문	3번문
(1)	O	X	X
(2)	X	O	X
(3)	X	X	O

따져보자. 당신이 1번 문을 선택했다고 하자. 다른 문을 선택해도 어차피 결과는 같다. 먼저 (1) 상황이다. 자동차는 1번 문에 숨어있다. 당신은 1번 문을 선택했는데, 사회자가 3번 문을 열면서 그게 꽝이라고 알려주고, "바꾸지 않겠냐?"라고 물었다. 만일 1번 문 선택을 버리고 2번 문으로 바꾸었다면? 그렇다. 안타깝게도 꽝이다.

이번에는 (2) 상황이다. 자동차는 2번 문에 숨어있다. 당신은 1번 문을 선택했는데, 사회자가 3번 문을 열면서(사회자가 자동차가 숨어있는 2번 문을 열어 보일 리는 없다) 그게 꽝이라고 알려주고, "바꾸지 않겠냐?" 물었다. 만일 1번 문 선택을 버리고 다른 문, 즉 2번 문으로 바꾸었다면? 그렇다. 멋진 자동차를 집에 몰고 갈 수 있다.

마지막으로 (3) 상황이다. 자동차는 3번 문에 숨어있다. 당신은 1번 문을 선택했는데, 사회자가 2번 문을 열면서(사회자가 자동차가 숨어있는 3번 문을 열어 보일 리는 없다) 그게 꽝이라고 알려주고, "바꾸지 않겠냐?"라고 물었다. 만일 1번 문 선택을 버리고 다른 문, 즉 3번 문으로 바꾸었다면? 그렇다. 멋진 자동차를 몰고 갈 수 있다.

당초 선택을 바꾸었다면 자동차에 당첨될 확률은 2/3이지만 처음 선택을 고수하면 당첨될 확률은 1/3이다. 그러므로 '선택을 지금이라도 바꾸어야 한다'가 정답이다. 그게 확률이 높다. 이것은 꽤 유명한 확률문제로 '몬티 홀 딜레마(Monty Hall Dilemma)'라는 별명까지 붙어있다. 몬티 홀은 사회자 이름인데, 그가 퀴즈에서 그런 행동을 했다고 한다. 어쨌거나 꽤 까다로운 확률 문제여서 당신이 틀린 것은 전혀 이상하지 않다. 대학교수 조차 잘못 대답한 경우가 많았다고 하니 말이다.

그런데 여기서 내가 강조하고 싶은 것은 확률이 아니다. 사람들의 95%가 '바꾸지 않겠다'를 선택하였다는 사실이 더 중요하다. 대체 왜 그랬을까? 이유를 살피기 위해 당신이 사회자의 말대로 선택을 바꾸었다고 가정하자. 그러면 어떨 때가 최악인가? 그렇다. (1) 상황이다. 당신은 자동차가 숨어있는 문을 잘 골랐다. 사회자가 그 문을 열기만 하면 당첨이다. 하지만 직전에 사회자의 "지금이라도 바꿔도 된다"는 말에 속아서 3번 문으로 바꿨더니. 아뿔사! 꽝이다. 원래 골랐던 1번 문 뒤에 자동차가 있었던 게다!

당신은 선택을 바꾼 탓에 터덜터덜 버스를 타고 돌아와야 했다. 그 일을 생각한다면 잠이 오겠는가? 내 손에 들어올 뻔했던 멋진 자동차. 가만히 있었다면 얻을 수 있는 자동차였는데! 괜히 사회자의 말에 넘어가 선택을 바꾸는 통에 날리고 말았으니 정말 아깝다. 앞으로 자동차만 보면 그때 선택을 바꾸었던 일을 두고두고 후회할 것이다.

인간의 후회에는 두 가지 종류가 있다. 작위후회(Regrets of Commision)와 부작위후회(Regrets of Omission)이다. 작위후회는 자신이 한 행위(작위)를 뒤늦게 후회하는 일이다. "아! 내가 그때 왜 그런 행동을 했을까?"가 작위후회의 전형적인 예이다. 반대로 부작위후회는 자신이 어떤 행위를 하지 않은 것(부작위)을 후회하는 일이다. "아! 내가 그때 왜 그런 행동을 하지 않았을까?"가 부작위후회의 전형적인 예이다.

어느 후회가 더 강력할까? 심리학자들의 연구를 인용할 필요도 없다. 작위후회가 훨씬 강력하다. 에너지를 들여 어떤 행위를 했는데 그 일이 나쁜 결과를 낳았다. 차라리 하지 않는 편이 좋았는데 괜히 그걸 하는 바람에 낭패다.

"왜 그런 짓을 저질렀지?" 두고두고 후회스럽다.

앞에서 내가 "선택을 바꿀지" 물었더니 당신은 "바꾸지 않겠다"를 선택했다. 왜 그랬던가? 대체 뭐가 두려웠던가? 그렇다. (1) 상황이 두려웠다. 좀 멋지게 말한다면, 당신은 작위후회가 겁이 났다. 그래서 아예 작위후회할 '거리'를 만들지 않으려고 당초 선택을 고수하였다.

주식투자를 예로 들어보자. 어떤 주식을 샀다. 그런데 예상과는 달리 주가가 계속 내리고 있다. 손해가 점점 커지므로 견디지 못하고 과감하게 손절하려고 결심했다. 매도주문을 내려는 순간. 어떤 생각이 드는가? 그렇다. "이거 내가 판 다음에 오르면 어떻게 하지?" 당신은 작위후회가 두렵다. 그래서 생각을 바꾼다. 하루만 더 두고 보기로 한다. 괜히 행동하였다가 나중에 작위후회할 일을 벌이지 않는 것이다. 하지만 그 다음날 주가는 안타깝게도 또 내렸다. 당신은 후회스럽다. 그래서 오늘만은 꼭 팔리라 결심한다. 그러나 정작 매도주문을 내려니 또 마음에 걸린다. "이거 내가 판 다음에 오르면 어떻게 하지?" 당신은 작위후회가 두렵다. 그래서 생각을 바꾼다. 또 하루만 더 두고 보기로 한다. 이래서는 영원히(!) 주식을 팔지 못한다. 바로 당신의 모습이지 않은가?

작위후회의 두려움을 버리면 성공이 다가온다. 정말이다.

주식시장의 속도계, RSI

지금까지 기술적 분석가들을 끊임없이 괴롭혀온 문제 가운데 하나는 현재 추세의 강도를 객관적인 수치로 나타내는 일이었다. 현재 추세가 상승세 같다는 막연한 어림짐작이나 느낌에 그치지 않고 '대체 얼마나 강력한' 상승세인지 수치로 나타낸다면 대응하기가 훨씬 쉬울 터. 이를 테면 자동차의 속도계와 같은 원리라고 할 수 있다. 자동차가 달리고 있는데 대충 빠른지 느린지 느낌만 가지고 있을 뿐 정확한 속도를 모른다면 상황에 따라 대응하기가 어려울 것이다. 그러나 운전 중인 자동차의 속도를 알고 있으면 목적지에 빨리 도착하기 위해 속도를 더 올려야 할지, 아니면 교통사고를 피하기 위해 속도를 늦추어야 할지 여부를 쉽게 판단할 수 있다. 주식도 마찬가지이다. 현재 주가가 움직이는 속도를 객관적으로 나타낼 수 있다면 대응하기가 한결 쉽다. 기술적 분석가들이 자동차의 속도계와 같은 지표를 만들고자 노력한 결과, 다양한 보조지표가 나왔다.

▎ RSI 산출하는 법

RSI는 웰레스 윌더 주니어(Welles Wilder Jr)라는 기술적 분석가가 1978년에 만든 보조지표다. 나온지 꽤 오래되었지만 지금도 널리 사용되고 있는 만큼 이미 지표의 유용성이나 신뢰도가 검증된 셈이다. 굳이 번역한다면 상대강도지수(Relative Strength Index)가 되겠는데, RSI는 기술적 분석가들의 숙원이었던 주가의 상승 속도를 통해 주식시장의 분위기를 객관적으로 알려주는 대표적인 지표이다.

RSI는 어떻게 계산할까? 먼저 계산하는 공식을 살펴보자.

$$RSI = \frac{n기간의\ 전체\ 상승폭}{n기간의\ 전체\ 상승폭 + n기간의\ 전체\ 하락폭} \times 100$$

공식만 보아도 RSI가 무엇인지 알 수 있겠지만 그래도 실제 사례를 통해 살펴보면 의미를 더 확실하게 파악할 수 있겠다. 다음 표와 같이 주가가 움직였다면 RSI 수치는 얼마일까? 계산해보자.

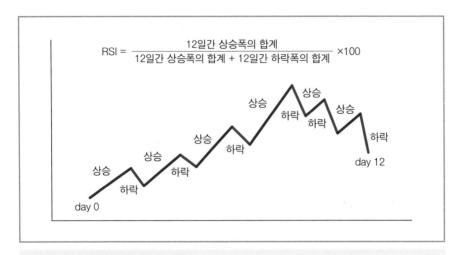

차트 4-1 ▶ RSI를 산출하는 방법

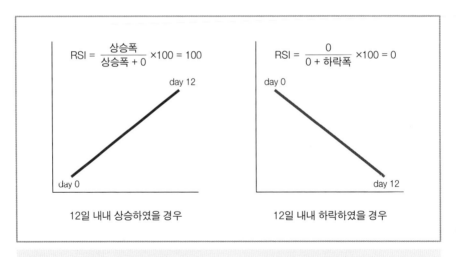

12일 내내 상승하였을 경우   12일 내내 하락하였을 경우

차트 4-2 ▶ RSI의 극단적인 경우 12일 내내 주가가 상승하였다면 RSI는 100이 되고, 반대로 12일 내내 주가가 하락하였다면 RSI는 0이 된다. 그러나 이런 극단적인 경우를 제외하면 주가는 며칠 오르고 며칠내리는 경우일 것이므로 RSI는 0과 100 사이의 범위로 나타난다.

일자	주가	상승폭	하락폭		일자	주가	상승폭	하락폭
0	1000				7	1000	200	
1	1100	100			8	1200	200	
2	1200	100			9	1300	100	
3	1100		100		10	1200		100
4	1000		100		11	1300	100	
5	900		100		12	1200		100
6	800		100		합계		800	600

공식에 넣으면 RSI $= \dfrac{800}{800 + 600} \times 100 = 57$로 산출된다. 대체 이것이 무슨 뜻일까? 일단 극단적인 경우부터 상정해 보자. 만약 12일 동안 주가가 하루도 빠짐없이 상승했다면 RSI의 값은 어떨까? 하루도 빠짐없이 주가가 올랐으므로 하락폭의 합계는 당연히 0이고, 따라서 RSI 공식의 'n기간의 하락폭' 자리에 0을 대입하면 RSI = 100이 된다. 반대로 이번에는 12일 동안 주가가 하루도 빠짐없이 하락했다면 RSI의 값은 어떨까? 하루도 빠짐없이 주가가 내렸으므로 상승폭의 합계는 당연히 0이고, 따라서 RSI 공식의 'n기간의 상승폭' 자리에 0을 대입하면 RSI = 0이 된다.

두 가지 극단적 상황을 제외하면 대부분은 보통이다. 주가는 12일간 며칠 오르다가 며칠 내리는 경우가 대부분일 터. 결국 RSI는 최대 100, 최소 0의 범위가 되겠다. 또한 RSI의 공식에서 발견한 사실은, RSI가 결과적으로 전체 주가움직임(상승폭의 합계 + 하락폭의 합계) 중에서 상승폭의 합계가 어떤 비중을 차지하는지 알려준다는 것이다. 그러므로 예컨대 RSI의 값이 57로 산출되었다면, 전체 주가의 상승 + 하락 움직임 가운데 상승 움직임이 57%를 차지한다는 사실을 뜻한다. 바로 이것이 RSI의 의미이다.

▌ RSI를 이용한 실전매매전략

RSI를 산출하면 현재 주가의 객관적인 상승 속도를 파악할 수 있다. 주가의 속도
는 RSI로 나타난다. 그런데 RSI의 값이 100에 가까울수록 최근의 주가 움직임 가
운데 거의 대부분이 상승인 셈. 그만큼 현재 주식시장이 과열 상태임을 알려준다.
거꾸로 RSI의 값이 0에 가까울수록 최근의 주가 움직임 중에서 거의 대부분이 하
락인 셈이므로, 그만큼 지금의 주식시장이 과냉각되었다는 사실을 나타낸다.

주식시장은 일시적으로 낙관적인 분위기로 달아오를 수(과열) 있으나, 이런
비정상적인 상태는 오래가지 못하는 법이다. 거꾸로, 주식시장은 일시적으로
비관론이 뒤덮으면서 싸늘하게 식을 수(과냉각) 있으나, 이런 비정상적인 상태
역시 오래가지 못한다.

차트 4-3 ▶ RSI를 이용한 실전매매전략 RSI가 30 이하로 하락하면 매수기회로 이용하고,
RSI가 70 이상으로 상승하면 매도기회로 활용하면 매우 효과적이다.

그런데 현실적으로 RSI의 값이 100이나 0에 근접하는 일은 거의 없다. 일반적으로 RSI의 값이 70을 넘어서면 주식시장이 과열되었다고 인식하는 것이 좋다. RSI의 값이 70 이상이라면, 현재 추세는 상승세이지만 주식시장이 과열된 상황이므로 조만간 상승세가 꺾일 것임을 예고하는 것이다. 이런 상황에서 상승세라는 이유로 섣불리 추가로 매수했다가는 자칫 최고점에서 주식을 매수할 위험이 있다. 따라서 RSI가 70 이상이라면 매수할 것이 아니라, 오히려 매도 타이밍을 노려야 한다.

또 일반적으로 RSI의 값이 30 이하라면 주식시장이 과냉각되었다고 인식하는 것이 좋다. RSI의 값이 30 이하라면, 현재 추세는 하락세이지만 주식시장이 과냉각된 상황이므로 조만간 하락세가 끝날 것임을 예고하는 것이다. 이런

차트 4-4 ▶ 서로 다른 기간의 RSI   RSI를 산출하는 기간을 달리하여 나타낸 것이다. 위의 RSI는 5일간, 아래의 RSI는 20일간의 주가 움직임을 기준으로 산출하였다. RSI를 산출하는 기간이 짧을 경우, 매매 신호가 빨리 발생하지만 반면에 불안정하고, RSI를 산출하는 기간이 길 경우, 안정적이지만 매매 신호가 늦거나 아예 발생하지 않는 약점이 있다.

상황에서 하락세라는 이유로 섣불리 추가로 매도했다가는 자칫 최저점에서 주식을 매도할 위험이 있다. 따라서 RSI가 30 이하라면 매도할 것이 아니라, 오히려 매수 타이밍을 노려야 한다.

그런데 여기서 과열과 과냉각을 판별하는 기준인 70 혹은 30이라는 수준은 절대적이지 않다. 투자자마다 기준이 달라질 수 있다. 예컨대 70이 아니라 75 혹은 80 이상을 과열의 기준으로 볼 수도 있고, 30이 아니라 25 혹은 20 이하를 과냉각의 기준으로 삼을 수 있다. 다만 기준이 낮거나 높아서 너무 엄격하면 지표는 안정적이지만 그만큼 매매 타이밍을 잡기 어려우니 주의해야 한다.

 보통 70과 30, 아니면 75와 25를 각각 기준으로 삼는다.

RSI를 계산하는 기간은 사람마다 다르다. 원래 웰레스 윌더 주니어가 RSI를 개발하였을 때에는 14일간의 움직임을 기준으로 하였다. 이후 14일은 너무 길다는 생각에 조금씩 기간이 단축되어 산출하게 되었다. 투자자에 따라서 12일 혹은 9일을 사용하는 것이 보편적이지만 심지어 5일간 RSI를 산출하는 투자자도 있다. '정답'은 없다. RSI를 산출하는 기간이 길면 길수록 안정적이지만 역시 그만큼 매매 타이밍을 잡기 어려우니 주의해야 한다. 반대로 RSI를 산출하는 기간이 너무 짧으면 예민하게 매매 타이밍을 잡을 수는 있으나 그만큼 불안정하므로 역시 주의해야 한다.

1분 | 질 | 문

현재 시장의 RSI를 산출해보니 80으로 나타났다. 어떻게 해석해야 하는가?
상승세가 지나치게 과열되었으므로 매도 타이밍을 노려야 한다.

95%의 통계적 확률,
볼린저 밴드

볼린저 밴드는 1980년대 초에 존 볼린저(John Bollinger)가 개발한 기술적 지표이다. 그는 현재 주식시장에서 형성되는 주가가 싼지, 아니면 비싼지에 대한 객관적 지표를 얻고자 노력했다. 주가가 너무 싸다고 판단되면 적극적으로 매수하고, 반대로 주가가 너무 비싸다고 판단되면 매수 타이밍을 늦춰 기다리거나 보유한 주식을 팔려는 목적이었다. 마치 우리가 앞서 살펴본 RSI와 같은 객관적인 지표를 만들려 했다.

　존 볼린저는 이동평균선과 주가와의 관계에 주목했다. 앞에서 살펴보았듯 이동평균선은 일정한 기간의 주가를 대표하는 것이므로 매일의 주가는 이동평균선, 즉 대표값 근처로 모이려는 경향이 있다. 그러나 주가가 항상 이동평균선 근처로 모이는 것은 아니다. 주가는 어느 날에는 벼락같이 치솟기도 하고, 거꾸로 어떤 날에는 맥없이 추락하기도 한다. 이동평균선 근처에 모이기보다는 오히

> 존 볼린저는 볼린저 캐피털 매니지먼트 회장이자 창립자이다. 기술적 분석과 기본적 분석의 교집합인 '합리적 분석'을 통해 볼린저 밴드를 창시한 장본인이기도 하다.

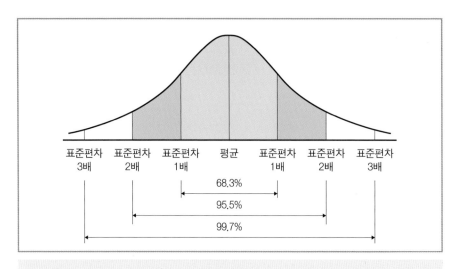

표준편차 표준편차 표준편차 평균 표준편차 표준편차 표준편차
3배 2배 1배 1배 2배 3배

68.3%

95.5%

99.7%

차트 4-5 ▶ 정규분포 정규분포는 평균을 중심으로 좌우 대칭이며, 또한 평균에서 표준편차 2배 떨어진 범위 안에 전체 확률변수의 95%가 포함되어 있는 분포를 말한다. 따라서 표준편차 2배를 벗어난 범위에는 전체 확률변수의 5%만이 존재한다.

려 이동평균선과는 별 관계없이 움직이는 것처럼 보일 때가 많다.

하지만 어느 정도 기간이 지난 다음에 살펴보면 주가는 틀림없이 이동평균선을 중심으로 오르내리고 있다는 것을 확인할 수 있다. 주가가 상승하거나 하락하여 이동평균선에서 꽤 멀어지기만 하면 반드시 이동평균선에 근접하려는 경향을 나타낸다. 볼린저 밴드는 바로 이런 성질을 이용한 것이다.

볼린저 밴드를 나타내려면 먼저 20일 이동평균선을 산출하여 차트에 주가와 함께 표시한다. 그런 연후에 이동평균선에다 표준편차의 2배만큼 더한 값을 위쪽 밴드로 표시하고, 이동평균선에다 표준편차의 2배를 뺀 값을 아래쪽 밴드로 표시한다. 결국 볼린저 밴드는 위쪽 밴드와 아래쪽 밴드, 그리고 중간의 20일 이동평균선(중간 밴드)의 세 곡선으로 구성된다.

차트 4-6 ▶ 볼린저 밴드 볼린저 밴드는 20일 이동평균을 중심으로 표준편차의 2배를 더하거나 빼서 위, 아래 밴드를 설정한다. 따라서 주가가 밴드 안에서 움직일 확률은 정규분포처럼 95%이며, 거꾸로 말해 주가가 밴드를 벗어날 확률은 위, 아래쪽 각각 2.5%에 지나지 않는다.

그런데 여기서 사용된 표준편차의 개념을 알아야 한다. 표준편차는 일반적으로 평균값과의 차이를 의미하는데, 각각의 변수들이 평균값 부근에 얼마나 오밀조밀하게 몰려 있는지를 나타내는 수치이다. 표준편차가 작을수록 변수들이 평균 근처에 더 많이 몰려 있는 셈이다.

통계학에 따르면 대부분의 자연현상에서는 평균을 중심으로 표준편차의 ±2배 범위 안에 변수의 95%가 분포되어 있다. 이것을 정규분포라고 한다. 각종 여론조사에서 "조사결과는 ±5%의 오차 범위를 가지고 있다"는 말을 들어본 적이 있을 터. 여기서 5%의 오차 범위란 조사결과가 95%의 확률로 정확하고, 만일 틀린다면 그럴 가능성은 5%라는 뜻이다. 마찬가지로 정규분포에서 표준편차의 ±2배 범위에 변수의 95%가 포함된다는 것은 결국 변수가 표준편차 ±2배의 범위 밖으로 벗어날 확률이 고작 5%에 불과하다는 뜻이다.

주식시장의 주가도 자연현상의 일부이므로 정규분포를 나타낸다. 볼린저 밴드는 평균을 중심으로 표준편차의 2배를 더하거나 빼서 위, 아래 밴드를 설정하므로 결국 주가가 밴드 안에서 움직일 확률 역시 정규분포처럼 95%가 되는 셈. 혹은 거꾸로 말해 주가 움직임이 밴드를 벗어날 확률은 위쪽이나 아래쪽 각각 2.5%에 지나지 않는다.

▍볼린저 밴드를 이용한 실전매매전략

따라서 주가가 밴드에 가까울수록 추세가 바뀔 가능성이 높아진다. 예를 들어 주가가 점차 상승해 밴드 상단에 근접하였다면 주가는 밴드 상단마저 돌파하여 상승세를 이어가기보다는 되레 상승세가 꺾일 가능성이 높다. 왜냐하면 밴드를 벗어날 확률은 통계학대로 2.5%에 불과하기 때문이다. 결국 주가가 위쪽 밴드를 넘어서지 못하므로 밴드는 저항선으로 작용한다. 이번에는 거꾸로 주가가 점차 하락해 밴드 하단에 근접하여도 마찬가지. 주가는 밴드 하단마저 돌파하여 하락세를 이어가기보다는 되레 하락세가 끝날 가능성이 높다. 밴드를 벗어날 확률이 2.5%에 불과하기 때문이다. 결국 주가가 아래쪽 밴드를 넘어서지 못하므로 밴드는 지지선으로 작용한다.

볼린저 밴드가 각각 지지선이나 저항선으로 작용한다는 사실을 이용하면 거래전략은 명백해진다. 주가가 아래쪽 밴드에 근접하면 매수 타이밍을 노리고, 반대로 위쪽 밴드에 근접하면 매도 기회를 노리는 것이 합리적인 전략이다.

그렇다면 중간 밴드는 어떨까? 중간 밴드는 20일 이동평균선이므로 한 달

차트 4-7 ▶ 볼린저 밴드를 이용하는 실전매매전략   볼린저 밴드에서 위쪽 밴드는 저항선으로, 아래쪽 밴드는 지지선으로 작용한다. 따라서 주가가 아래쪽 밴드에 근접하면 매수 타이밍을 노리고, 반대로 위쪽 밴드에 근접하면 매도 기회를 노리는 것이 합리적인 전략이다. 또한 중간밴드는 경우에 따라 지지선 혹은 저항선으로 작용한다.

동안의 주가 움직임을 대표하는 값으로 '주가의 생명선'이라고 배웠다. 따라서 주가가 중간 밴드 위쪽에 위치하면 현재의 추세는 상승세인 것이고, 반대로 주가가 중간 밴드 아래에 위치하면 현재의 추세는 하락세인 것이다. 또한 주가가 중간 밴드를 돌파하는 순간, 추세가 바뀌므로 밴드는 이런 움직임을 저지하려는 쪽으로 작용한다. 중간밴드는 지지선 또는 저항선이 된다.

볼린저 밴드의 폭이 좁아지면 주의해야

볼린저 밴드에서는 표준편차에 따라 밴드의 폭이 정해진다. 만약 과거 주가의 변동폭이 컸다면, 주가는 평균에서 많이 벗어나 표준편차가 크게 나타났을 것이다. 이 경우 볼린저 밴드의 폭은 넓게 만들어진다. 반대로 과거 주가의 변동폭이 작았다면, 표준편차가 크지 않았을 것이고 따라서 이 경우 볼린저 밴드의 폭은 좁아진다.

그런데 볼린저 밴드에서는 밴드의 폭이 좁을 때, 즉 과거의 주가 변동폭이 작았던 경우를 주목해야 한다. 주가는 큰 폭으로 오르거나 내릴 때도 있지만 경우에 따라서는 조용히, 크게 움직이지 않은 채 횡보할 때도 있다. 주가가 크게 움직이지 않는다고 하여 이상한 것은 아니다. 하지만 어차피 주식시장에서의 주가는 끊임없이 변하는 속성을 지닌 만큼 주가의 움직임이 적은 기간이 길어진다면 이는 비정상적인 상황이다.

차트 4-8 ▶ 볼린저 밴드의 폭   차트에 화살표로 표시하였듯 볼린저 밴드의 폭이 좁아지면 조만간 주가가 폭등하거나 폭락할 가능성이 매우 높다는 신호로 간주되어야 한다. 다만 밴드의 폭만으로는 주가가 폭등할지 혹은 폭락할지 방향은 알 수 없다.

주가의 움직임이 이동평균선을 중심으로 등락폭이 작고, 그래서 표준편차가 작아지면 결과적으로 볼린저 밴드의 폭이 좁아진다. 그리고 이때를 조심해야 한다. 강조하지만 주가의 등락이 일시적으로 잠잠할 수 있지만, 영원히 조용할 수는 없다. 언젠가 때가 되면 크게 움직이는 것은 필연적인 귀결이다.

그러므로 볼린저 밴드의 폭이 좁다는 것은 조만간 큰 폭의 움직임이 나타날 것이라는 신호로 간주되어야 한다. 태풍전야처럼 지금이야 조용하지만 곧 주가가 크게 급등하거나 급락할 시기가 다가오고 있다는 뜻이므로 주의해야 한다.

> 다만 볼린저 밴드의 폭만으로는 주가가 조만간 급등할지 폭락할지 방향은 알 수 없다.

1분 | 질 | 문

최근의 차트에서 볼린저밴드의 폭이 점점 좁아지고 있다면앞으로 주가의 움직임이 어떻게 되리라 예상되는가?

조만간 큰 폭의 움직임이 나타날 것이라는 신호다. 주가가 크게 급등하거나 급락할 것으로 예상된다.

회자정리(會者定離),
MACD

이동평균선은 장점이 많은 기법이다. 이해하기 쉽고, 객관적이며, 이동평균선이 지시하는 대로 따라만 하면 되므로 기계적이다. 하지만 강력한 이동평균선도 치명적인 약점을 갖고 있는데, 바로 시차 문제이다. 직설적으로 표현하자면 이동평균선의 매매신호는 '뒷북'을 치는 일이 많다. 아래쪽에 제시한 차트에서도 알 수 있듯 이동평균선은 주가가 저점에서 벗어나 꽤 많이 반등한 후에야 비로소 매수신호를 나타내며, 거꾸로 주가가 고점에서 한참 떨어진 다음에야 뒤늦게 매도신호를 나타낸다.

매매신호가 저점과 고점에서 벗어나 늦게 나타나는지라 결정적인 타이밍을 놓치는 것은 물론이요 엉뚱한 매매가 될 위험도 있다. 저점에서 벗어나 주가가 한참 오른 후에나 골든크로스가 나타나므로 신호에 따라 매수했다가는 자칫 고점에서 소위 '상투'를 잡을 수 있고, 혹은 고점에서 벗어나 주가가 한참 내린 후에나 데드크로스가 나타나므로 신호에 따라 매도했다가는 자칫 바닥에서 소

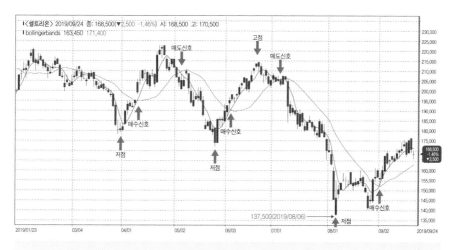

차트 4-9 ▶ 이동평균선의 약점 　이동평균선은 장점이 많은 기법이다. 그러나 주가가 저점에서 벗어나 꽤 많이 반등한 후에야 비로소 매수신호를 나타내며, 거꾸로 주가가 고점에서 한참 떨어진 다음에야 뒤늦게 매도신호를 나타낸다는 치명적인 약점도 가지고 있다.

위 '맨땅에 헤딩'할 공산이 크다. 게다가 주가가 뚜렷한 추세 없이 횡보할 때면 이동평균선의 시차 문제는 더욱 치명적인 약점이 되어 투자자를 괴롭힌다.

▌ MACD는 어떻게 만드는가?

이동평균선 기법에서는 장기 이동평균선과 단기 이동평균선이 서로 '만나는 (교차)' 시점을 골든크로스 혹은 데드크로스로 여겨 그 순간을 매매 타이밍으로 인식해 왔다. 그러다보니 이동평균선의 시차 문제를 해결할 수 없었던 것이다. 그런데 제럴드 아펠(Gerald Appel)이라는 분석가가 절묘한 방법을 고안했다. 그는 이동평균선이 서로 만나면(교차) 반드시 헤어질 수밖에 없고, 헤어지면(이격) 반드시 만날 수밖에 없다는 사실에 착안하였다.

<SK하이닉스> 2019/09/18 종: 80,200(▲800 +0.01%) 시: 80,100 고: 80,600 저: 79,500
가격이동평균 77,890. 80,960.

84,600(2019/09/09)

80,200
+0.01%
▲800

62,400(2019/06/17)

2019/01/24   03/04   04/01   05/02   06/03   07/01   08/01   09/02   2019/09/18

차트 4-10 ▶ MACD의 기본원리 MACD는 전통적인 기법과는 달리 이동평균선이 서로 교차할 때가 주가의 저점이나 고점이 아니며, 단기 이동평균선과 장기 이동평균선의 차이가 최대한 벌어졌을 때가 오히려 저점이나 고점에 가깝다는 생각에서 출발하였다.

그는 이동평균선이 서로 교차할 때가 주가의 저점이나 고점이 아니며, 단기

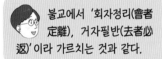

불교에서 '회자정리(會者定離), 거자필반(去者必返)'이라 가르치는 것과 같다.

이동평균선과 장기 이동평균선의 차이가 최대한 벌어졌을 때가 오히려 저점이나 고점에 가깝다는 사실을 발견했다. MACD 기법의 출발점이었다.

MACD는 단기 이동평균에서 장기 이동평균을 뺀 값으로 구해진다. 이때 사용되는 단기 이동평균은 12일 지수평활법 평균이고, 장기 이동평균은 26일 지수평활법 평균이다. 그리고 시그널 곡선도 구하는데, 이것 역시 지수평활법을 이용하여 매일의 MACD를 9일간 이동평균한 것이다. 이렇듯 장, 단기 이동평균선의 차이를 계산하는 이유는 두 이동평균선이 최대로 벌어졌을 때를 포착하기 위해서이다.

▌ MACD를 이용한 실전매매전략

다음의 차트에는 MACD와 시그널 라인이 나타나 있다. 차트에서도 알 수 있듯이 MACD 곡선과 시그널 곡선이 서로 교차할 때가 매매 타이밍이다. MACD 곡선이 시그널 곡선을 상향 돌파할 때가 매수시기이고, 반대로 MACD 곡선이 시그널 곡선을 하향 돌파할 때를 매도시기로 간주한다.

이 방법을 전통적인 이동평균선 기법과 비교해보면 MACD의 장점을 알 수 있다. 골든크로스에 매수하고 데드크로스에 매도하는 방식에 비하여 MACD 기법이 훨씬 시차가 적다. MACD는 이동평균선보다 빨리 매수신호를 나타내고, 매도신호 역시 이동평균선보다 이른 시점에 나타난다. MACD는 이동평균선의 약점인 시차 문제를 훌륭하게 해결하고 있다.

그런데 MACD 기법이 이동평균선의 시차 문제를 해결하고는 있으나, 엄격히 말하여 정확하게 저점과 고점에서 매매신호가 나타나는 것은 아니다. 저점이 조금 지나고 나서야 매수신호가 나타나고, 고점을 살짝 벗어나서 매도신호가 나타난다. 그 이유는 MACD 역시 태생적으로 이동평균선이기 때문이다. 그럼에도 불구하고 MACD는 전통적인 이동평균선의 시차 문제를 상당 부분 해결한다는 빼어난 장점이 있다.

그렇다면 MACD는 전혀 약점이 없을까? 그렇지 않다. 당연히 있다. MACD는 이동평균선에 비하여 빠르다는 장점이 있다. 하지만 되레 그것이 단점이다. 너무 빠르므로 종종 불안정해진다. 주가가 살짝 움직이기만 해도 금세 매매신호를 나타내므로 자주 거래해야 하고, 또한 엉뚱한 신호(whipsaw)를 낼 위험도 높다.

세상에 공짜는 없다(There is no free lunch). 수익이 높으면 위험하고 안전

차트 4-11 ▶ MACD를 이용한 실전매매전략　MACD 곡선과 시그널 곡선이 서로 교차할 때가 매매 타이밍이다. MACD 곡선이 시그널 곡선을 상향 돌파할 때가 매수시기이고, 반대로 MACD 곡선이 시그널 곡선을 하향 돌파할 때를 매도시기로 간주한다.

하면 수익은 낮다. 기술적 보조지표도 마찬가지. 좀 예민하면 그만큼 불안정하고, 안정적이면 너무나 늦다. 어떤 지표를 선택할 것인지는 결국 시차와 안정성, 둘 중에서 어느 것을 중시하느냐에 달렸다. 그건 투자자의 성향과 관계되므로 '정답'이 있을 리 없다. 투자자가 선택하기 나름이다.

 1분 | 질 | 문

MACD 기법의 원리는 무엇인가?
단기 이동평균선과 장기 이동평균선의 차이가 최대한 벌어졌을 때가 오히려 저점이나 고점에 가깝다.

이름과 달리 어렵지 않은,
스토캐스틱

영어사전에서 스토캐스틱(stochastics)이라는 단어를 찾아보면 '추측통계학'이라는 뜻만 달랑 나와 있다. 추측통계학이라니. 통계를 추측하여 작성하는 것인지 뭔지 뜻을 이해하기가 난감하다. 이름부터 어려워서 스토캐스틱 지표를 복잡하고 까다로운 기법이라고 오해하기 쉽다. 하지만 전혀 그렇지 않다. 오히려 너무나 단순하다.

스토캐스틱은 조지 레인(George Lane)이라는 기술적 분석가가 만들었다. 그는 지표를 개발한 후, 적당한 이름이 생각나지 않아 일단 눈에 띄는 단어를 임시로 붙였는데 그게 나중에 정식 명칭으로 굳어진 것이다. 추측통계학과 전혀 상관없다. 스토캐스틱은 장난처럼 이름이 붙여질 정도로 엉성했지만, 지금은 많은 투자자들로부터 환영받는 인기 지표가 되었다. 독창적이며 정확하다는 점이 인정을 받

스토캐스틱은 앞서 설명한 MACD와 함께 매매시점을 찾는 대표적인 그래프이다. MACD가 주가 추세 및 변화를 확인하는 데에 이용된다면, 스토캐스틱은 매매시점을 확인하는 데 쓰인다. 즉, MACD와 스토캐스틱만 잘 활용해도 적절한 매수, 매도 타이밍을 잡을 수 있다.

181

았기 때문. 또한 스토캐스틱은 간단하고 직설적이라는 장점도 있다.

스토캐스틱은 주가가 상승세일 때에는 오늘의 종가가 최근 주가 변동범위에서 최고점 부근에서 형성되는 경향이 높고, 주가가 하락세일 때에는 오늘의 종가가 최근 주가 변동범위에서 최저점 부근에서 형성되는 경향이 높다는 점에 착안했다. 그래서 과거 일정한 기간 동안(일반적으로 5일)의 주가 변동범위에서 오늘 종가의 위치가 어디인가를 파악하는 것이 스토캐스틱 지표이다.

▍스토캐스틱은 어떻게 산출하는가?

일단 스토캐스틱을 구하는 공식부터 살펴보자. 공식을 이해하면 스토캐스틱이 어떤 원리로 개발되었는지 쉽게 알 수 있다.

$$\%K = \frac{C - L5}{H5 + L5} \times 100$$

$$\%D = \%K의 \ 3일 \ 이동평균$$

공식에서 H5는 5일 동안의 최고가, L5는 5일 동안의 최저가, C는 오늘의 종가를 각각 의미한다. 그러면 실제 예를 들어 스토캐스틱을 산출해보자. 예컨대 과거 5일간의 최저가가 100이고 최고가가 150, 오늘의 종가가 145로 결정되었다고 하자. 이럴 때 스토캐스틱의 값은 90으로 산출된다.

$$\%K = \frac{145-100}{150-100} \times 100 = 90$$

그렇다면 대체 90이라는 수치는 무엇을 의미할까? 다음 그림에서 나타나고 있듯이 5일 동안의 주가 변동폭이 150-100=50이며, 그렇게 주가가 움직인 범위 안에서 오늘의 종가 145가 자리한 곳은 변동폭 중에서 90%의 위치라는 의미이다.

만약 오늘의 종가가 5일간의 최고가인 150으로 결정되었다면 %K의 값은 100으로 산출되었을 것이다. 또한 만일 오늘의 종가가 5일간의 최저가인 100으로 결정되었다면 %K의 값은 0으로 산출되었을 터. 여기서 알 수 있듯이 %K의 값은 최대 100을 넘을 수 없고, 최소 0 이하로 내려갈 수 없다.

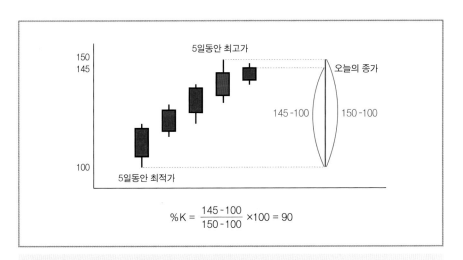

차트 4-12 ▶ 스토캐스틱 산출법   %K의 값이 90으로 산출되었다면, 그것은 5일간 주가가 움직인 범위 안에서 오늘의 종가 145가 자리한 곳이 5일간 변동폭의 90% 위치라는 의미이다.

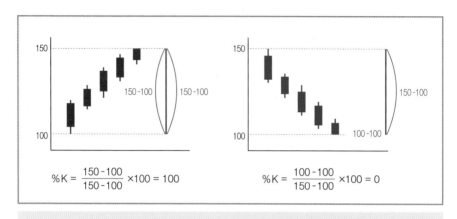

　스토캐스틱을 산출하였더니 %K의 값이 100에 근접한 것으로 산출된다고 하자. %K가 100에 가까울수록 그만큼 오늘의 종가가 최근 주가 변동폭 중에서 고점 근처에 위치했음을 뜻하여 따라서 주가는 과열 상태라는 말이다. 앞서 배웠던 RSI의 예로 말한다면 RSI가 70을 넘긴 것과 같다. 이럴 때 매수하는 것은 위험하다. 오히려 매도기회를 노리는 것이 현명하다.

　그 반대의 경우도 성립한다. 스토캐스틱을 산출하였더니 %K의 값이 0에 근접한 것으로 산출된다고 하자. %K가 0에 가까울수록 그만큼 오늘의 종가가 최근 주가 변동폭 중에서 저점 근처에 위치했음을 뜻하여 따라서 주가는 과냉각 상태라는 말이다. 앞서 배웠던 RSI의 예로 말한다면 RSI가 30 이하로 주저앉은 것과 같다. 이럴 때 매도하는 것은 위험하다. 오히려 매수기회를 노리는 것이 현명하다.

▌ 스토캐스틱을 이용한 실전매매전략

%K가 100에 근접할수록 주가는 과열 상태이고, 반대로 %K가 0에 근접할수록 과냉각 상태라는 것은 이해했을 터. 그리고 앞에서 그럴 때에는 "매수 혹은 매도기회를 노리라"고 설명하였다. 그렇다면 기회가 아니라 결정적인 매수, 매도 타이밍은 정확히 언제일까? 단순히 '저점이 될 가능성이 높다'는 이유로 매수하는 것은 위험하다. 또는 막연하게 '지금이 고점이려니' 하는 느낌으로 매도하는 것 역시 어리석은 일이다. 결정적인 타이밍을 잡아야 한다. 그런데 스토캐스틱을 활용하면 타이밍을 잡을 수 있다.

앞에서 배운 이동평균선을 이용하면 된다. 스토캐스틱을 구하는 공식에서

차트 4-14 ▶ 스토캐스틱을 이용한 실전매매전략 %K의 값이 0에 근접한 상황에서 %K 곡선과 %D 곡선이 골든크로스를 만드는 시기가 절호의 매수기회이며, %K의 값이 100에 근접한 상황에서 %K 곡선과 %D 곡선이 데드크로스를 만드는 시기가 절호의 매도기회이다.

도 설명하였듯 %D는 %K의 이동평균선이다. 따라서 %K 곡선과 %D 곡선이 서로 교차할 때를 매매 타이밍으로 잡는다. 구체적으로 말한다면 %K 곡선이 %D 곡선을 아래에서 위로 상향 돌파하는 골든크로스가 나타나면 매수하고, %K 곡선이 %D 곡선을 위에서 아래로 하향 돌파하는 데드크로스가 나타나면 즉각 매도하면 된다.

〈차트 4-14〉에 그 방법이 설명되어 있는데, 차트에서 알 수 있듯이 기계적으로 신호에 따르기만 하더라도 상당히 효과적이다. 특히 %K의 값이 100에 근접한 상황에서 %K 곡선과 %D 곡선이 데드크로스를 만든다면 이는 절묘한 타이밍으로 고점 부근에서 매도할 수 있으며, %K의 값이 0에 근접한 상황에서 %K 곡선과 %D 곡선이 골든크로스를 만든다면 역시 절묘한 타이밍으로 저점 부근에서 매수할 수 있다.

▎완만한 스토캐스틱

일반적으로 널리 쓰이는 방법으로는 스토캐스틱에서 %K를 구하는 기간은 5일이다. 그리고 %D는 %K의 달랑 3일간의 이동평균선에 불과하므로 둘 다 매우 짧은 기간의 주가 움직임으로 지표를 산출한다. 그러다보니 매매신호를 빨리 나타내는 장점은 있으나, 반면에 %K와 %D가 너무 극심하게 변동하므로 매매신호를 일일이 따라가기 어렵다는 단점 또한 숨길 수 없다. 그래서 이런 단점을 보안하기 위해 고안된 것이 완만한 스토캐스틱(slow stochastics)이다. 요즘은 투자자들이 오히려 기존의 스토캐스틱보다는 개량된 기법인 완만한 스토캐스틱을 훨씬 더 많이 사용하므로 꼭 알아두어야 한다.

　　완만한 스토캐스틱을 산출하는 방법으로는, 먼저 기존의 %K 곡선과 %D 곡선을 각각 산출한다. 그런 연후에 %D 곡선을 다시 한 번 3일간 이동평균한다. 이렇게 %D를 또 이동평균한 새로운 %D 곡선을 완만한 %D 곡선(slow %D)으로 이름 붙여서 사용한다. 이렇게 하면 이동평균의 효과로 곡선이 완만해지므로 훨씬 이용하기에 수월해진다.

　　매매신호는 기존의 스토캐스틱 기법과 동일한데, 다만 %K 곡선을 제외하고 기존 %D 곡선과 이것을 3일간 또 이동평균한 완만한 %D 곡선만 차트에 나타낸다는 것이 다르다. 그리고 %D 곡선과 완만한 %D 곡선이 서로 골든크로스 혹은 데드크로스를 나타낼 때를 매매 타이밍으로 인식하는 것이다.

차트 4-15 ▶ 완만한 스토캐스틱　원래의 스토캐스틱은 매매신호를 빨리 나타내는 장점은 있으나, 반면에 %K와 %D가 너무 극심하게 변동하므로 매매신호를 일일이 따라가기 어렵다는 단점 또한 숨길 수 없다. 이런 단점을 보안하기 위해 고안된 것이 완만한 스토캐스틱이다. %D 곡선을 또 한번 이동평균한 것인데, 이동평균의 효과로 곡선이 완만해지므로 훨씬 이용하기에 수월해진다.

각 증권사 HTS의 차트에도 완만한 스토캐스틱이 탑재되어 있는데, 가령 완만한 스토캐스틱을 산출하는 기간이 5, 3, 3 으로 표시되어 있다면, 그것은 5일 동안의 가격 움직임으로 %K 곡선을 구하고, 이를 3일 이동평균해서 %D 곡선을 산출한 다음에 다시 %D곡선을 3일간 이동평균하여 완만한 %D 곡선을 구했다는 뜻이다.

그리고 스토캐스틱을 산출할 때에 자신이 좋아하는 독창적인 기간을 사용할 수도 있다. 증권사의 HTS에 탑재된 스토캐스틱은 기본적으로 산출기간을 5, 3, 3 으로 하고 있지만 사람에 따라서는 5, 5, 5 혹은 10, 7, 3 등 여러 조합이 가능하다. 이때 구하는 기간이 길어질수록 지표는 안정적이지만 그만큼 신호발생이 늦어진다는 문제도 있다. 어떤 지표이건 빠르면서 안정적일 수는 없다. 안정성과 신속성 중에서 어느 것에 더 중점을 둘 것인지는 그야말로 투자자의 성향에 달렸다.

1분 | 질 | 문

스토캐스틱 기법에서 매수 타이밍은 언제인가?
%K의 값이 0에 근접한 상황에서 %K 곡선과 %D 곡선이 골든크로스를 만들 때.

주가는 거래량의 그림자,
OBV

'주가는 거래량의 그림자'라는 말은 거래량의 중요성을 강조한 주식시장의 격언이다. 그림자는 물체가 움직이는 모습과 방향을 그대로 뒤따른다. 주가와 거래량 사이에도 '그림자 논리'가 성립한다. 그런데 주의해야 할 것은, '거래량이 주가의 그림자'가 아니라는 사실이다. 오히려 '주가가 거래량의 그림자'라는 사실을 잊어서는 안 된다. 그림자가 먼저 움직이는 법은 없다. 물체가 먼저 움직이고, 그림자가 그것에 따라 움직인다. 주가가 거래량의 그림자라면 거래량이 먼저 움직이고, 그것의 그림자인 주가가 뒤를 따른다.

그러므로 주가의 움직임을 예측하려면 '그림자'인 주가를 볼 것이 아니다. 오히려 먼저 움직이는 거래량을 잘 살펴야 한다. 거래량의 추이를 분석하면 그 뒤를 따르는 주가의 앞날을 예측하는 일은 어렵지 않다.

거래량이 주가에 미치는 영향력을 이해하려면 아파트를 분양할 때 짓는 모델하우스를 떠올리면 쉽다. 모델하우스에 사람들이 구름같이 몰린다면, 그 아파트는 사람들의 관심을 많이 받는 아파트인 것이 분명하다. 따라서 분양 경쟁률도 당연히 높을뿐더러, 그 아파트의 가격은 앞으로 틀림없이 오를 것이다. 주식시장도 같다. 사람들의 관심이 많을수록 주가가 오를 공산이 높다. 그 주식에 사람들의 관심이 많은지 어떤지 어떻게 아는가? 거래량을 보면 된다. 거래량이 늘어난다는 것은 그만큼 투자자들의 관심이 많다는 반증이다. 사람들의 관심이 많으니 주가가 오르는 것은 자연스러운 이치이다.

▌ 주가와 거래량의 관계

일반적으로 거래량이 증가하면 주가가 오르고, 거래량이 감소하면 주가는 하락한다. 그런데 항상 그런 것은 아니다. 때에 따라서는 거래량이 증가하여도 주가가 오르지 않을 수 있고, 혹은 거래량은 감소하여도 주가가 되레 오르는 일도 있다. 왜 이런 현상이 벌어지는지는 차차 설명하기로 하고, 일단 주가와 거래량과의 관계는 다음의 4가지 경우가 있을 것이다.

> 첫째, 주가는 상승하고, 거래량도 꾸준히 증가한다.
> 둘째, 주가는 상승하는데, 거래량은 서서히 감소한다.
> 셋째, 주가는 하락하고, 거래량도 꾸준히 감소한다.
> 넷째, 주가는 하락하는데, 거래량은 서서히 증가한다.

각각의 경우를 알아보자.

차트 4-16 ▶ 주가와 거래량의 관계(1) 주가는 거래량의 그림자라는 말이 있듯 거래량은 주가와 밀접한 관계가 있다. 차트에서 볼 수 있듯이 주가는 상승하는데, 거래량은 감소한다면 조만간 상승추세가 끝날 것으로 예상하여야 한다. 반대로 주가는 하락하는데 거래량은 증가한다면 하락추세는 곧 끝나고 주가가 반등하리라 예상된다. 또한 주가도 상승하고 거래량도 증가한다면 상승추세가 지속된다는 신호이다.

첫째로, 주가와 거래량이 꾸준히 증가한다면 앞으로 주가는 더 오른다. 이럴 때에는 추가 상승에 베팅하여야 한다. 앞에서 설명하였듯 거래량이 꾸준히 증가하는 것은 해당 종목에 대한 투자자들의 관심이 끊이지 않는다는 의미이다. 그리고 주가가 계속 오르는데도 불구하고 여전히 관심을 갖는 투자자들이 많기 때문에 거래량도 늘어나는 것이다. 앞에서 예로 든 모델하우스 이야기처럼 프리미엄이 높은 아파트는 연일 사람들의 발길이 끊이지 않는다. 주식도 같다. 투자자들의 관심도 많고, 덩달아 주가도 오른다면 그 주식은 앞으로도 더 상승하리라 예상되는 것이다.

둘째로, 주가는 상승하는데 거래량은 서서히 감소한다면 조심해야 한다.

예를 들어 백화점에서 파는 상품이든 혹은 주식시장의 주식이건 가격이 지나치게 오르면 사람들이 부담을 느끼는 것은 당연하다. 똑같은 물건일지라도 한 개에 1만 원이라면 관심을 보일 수 있으나, 가격이 올라 3만 원에 거래된다면 선뜻 장바구니에 담기가 꺼려진다.

'경계경보'를 발동하는 것이 현명하다. 처음에 주가와 거래량이 같이 늘어날 때에는 문제가 없으나 어느 순간 주가가 너무 많이 올랐다면 매수에 부담이 될 수밖에 없다. 이럴 때 주가는 오르지만 거래량은 서서히 감소하는 현상이 나타난다. 그 주식에 대한 사람들의 관심이 점차 줄고 있음을 알려주는 징조이다. 투자자들의 발길이 뜸해진다면, 그 주식은 조만간 상승세를 멈출 수밖에 없다.

셋째로, 주가가 하락하고 거래량도 감소한다면 당장 매수하거나 매도하지 않고 관망하여야 한다. 오르막이 있으면 내리막이 있듯이 주가의 상승세가 어

차트 4-17 ▶ 주가와 거래량의 관계(2) 주가가 급락하는데도 거래량은 되레 크게 늘고 있다면 낮은 가격에 대한 시장의 관심사가 집중되고 있다는 뜻이다. 이후의 주가는 반등할 가능성이 높다. 반면에 주가는 하락하고 있으나 거래량이 늘지 않는다면 주가가 쉽사리 상승세로 회복하기 어렵다.

느 정도 한계에 이르면 마침내 주가는 하락세로 돌아선다. 이전까지는 주가가 계속 오르고 있었기에 투자자들의 관심도 꾸준했으나, 주가가 하락한다면 투자자들은 그 종목을 선뜻 매수하지 않고 조심스러워한다. 왜냐하면 사람들은 이제 막 하락세로 돌아선 주식을 얼른 매수하기보다는 일단 '동정'을 살피려 하기 때문이다. 특히 주가의 하락세가 내내 이어지는데도 거래량이 덩달아 감소한다면 매우 주의해야 한다. 주가가 떨어져 가격수준이 낮아지면 시장의 관심이 증가하여야 하는데 실제로는 그렇지 않기 때문이다. 이것은 결국 시장의 관심에서 소외되고 있다는 증거이다. 시장의 관심을 받아야 주가는 오르는데, 시장의 관심도 받지 못한다면 그 주식이 오를 확률은 낮다.

넷째로, 주가는 하락하는데 거래량은 서서히 증가한다면 매수시기로 간주하여야 한다. 거듭 강조하지만 거래량이야말로 그 주식에 대한 시장의 관심을 반영한다. 하락세일 경우, 주가가 어느 수준에 이르면 "싸다"는 인식으로 투자자들의 관심이 늘어나기 마련이다. 그러면 거래량은 증가한다. 물론 그동안 하락세가 내내 이어졌으니 주가는 이제까지의 관성, 즉 탄력에 의해 하락세를 지속하지만 서서히 가격 매력이 부각되면서 거래량이 늘어나는 것이다. 그러면 주가는 더 이상 하락할 이유가 없다. 이런 주식은 조만간 하락세를 멈추고 상승세로 돌아서게 마련이다.

OBV가 무엇인가?

1960년대 그랜빌(Joseph E. Grainville)이라는 기술적 분석가가 개발한 OBV는 거래량의 동향을 알아보기 위해 고안된 보조지표이다. OBV는 'On Balance

Volume'의 약자인데 우리나라 말로 번역하기에 적절하지 않아 주식시장에서는 그냥 'OBV'라고 부른다.

앞서 "주가는 거래량의 그림자"라고 말했지만 현실적으로 거래량만을 살펴서는 추이를 파악하기가 만만치 않다. 주가의 변동과 마찬가지로 거래량 역시 일정하게 늘거나 줄어들기보다 하루하루 들쑥날쑥하여 추이를 종잡을 수 없기 때문이다. 하지만 OBV를 이용하면 거래량의 동향을 쉽게 살펴볼 수 있다.

OBV를 산출하는 방법은 간단하다. 그냥 '덧셈'으로 거래량을 누적하면 그게 바로 OBV가 된다. 구체적으로 말한다면, OBV는 어제까지의 거래량 합계에다 오늘의 거래량을 더한 것이다. 따라서 OBV는 '누적 거래량'인 셈. 다만, 무조건 거래량을 매일 더하는 것은 아니다. OBV를 산출하는 데에 몇 가지 일정한 규칙이 있다.

첫째, 일단 OBV는 0으로부터 출발한다. OBV는 거래량의 누적치이다.
둘째, 오늘의 종가가 어제 종가보다 높으면 오늘의 거래량을 어제의 OBV에 더한다.
셋째, 반대로 오늘의 종가가 어제 종가보다 낮으면 오늘의 거래량을 어제의 OBV에서 뺀다.
넷째, 어제의 종가와 오늘의 종가가 똑같으면 오늘의 거래량은 더하지도 빼지도 않는다.

OBV로 주가의 고점과 저점 예측하는 요령

사실 OBV를 구하는 방법 안에 모든 비밀이 담겨있다. 주가가 오르면 거래량을 더하고, 주가가 내리면 거래량을 빼는 것이 OBV의 요점이다. 결국 주가가 지속적으로 상승한다면 거래량은 계속 OBV에 추가되므로 OBV 곡선은 상승세를 이어갈 것이다. 반면 주가가 지속적으로 하락한다면 거래량은 계속 OBV에서 차감되므로 OBV 곡선은 하락세를 이어갈 수밖에 없다. 따라서 주가의 추세와 OBV 곡선의 추세는 같은 방향으로 움직인다. OBV 곡선의 움직임을 살피는 것만으로 주가의 추세를 판단할 수 있는 것이다.

물론 OBV 곡선은 단순히 현재 주가 추세를 '확인'하는 수준을 넘어 훨씬 더 강력한 장점을 가지고 있다. OBV 곡선의 움직임을 면밀히 살피면, 추세도 추세려니와 결정적으로 상승세의 고점이나 하락세의 저점을 정확히 알아낼 수 있다.

차트 4-18 ▶ OBV의 저점이 주가의 저점   OBV는 거래량을 누적한 지표로서 주가의 추세전환을 잘 보여준다. 주가는 하락하는데도 OBV 곡선의 하락세가 주춤거린다면 주의해야 한다. 조만간 바닥에 가까웠다는 신호로 간주된다. 또한 OBV 곡선과 주가의 추세가 같은 방향으로 움직이면 추세가 더 이어진다는 신호이다. 차트에서처럼 OBV 곡선이 상승하면서 주가도 덩달아 상승세를 이어가고 있다.

예를 들어보자. 앞서 주가가 상승하면 거래량이 증가한다는 사실을 배웠다. 그런데 주가가 상승하는데도 거래량이 크게 늘지 않거나, 오히려 감소한다면 그것은 조만간 주가의 상승세가 끝날 것이라는 신호로 해석된다는 것도 역시 살펴본 바 있다. 그렇다면 바로 이때 OBV 곡선의 움직임은 어떤 모습일까? 주가의 움직임과 OBV 곡선의 움직임을 서로 비교해 보면, 주가는 상승세를 이어가지만 OBV 곡선은 상승세가 주춤거릴 수밖에 없을 것이다. 거래량이 늘지 않으므로 주가의 상승세만큼 OBV 곡선의 상승세가 쑥쑥 이어지지 않을 것이기 때문. 주가의 움직임과 OBV 곡선의 움직임이 서로 일치하지 않는 결과가 나타난다. 바로 이것이 상승세의 고점이 가까웠다는 신호로 간주되는 것이다.

그 반대의 경우도 마찬가지. 일반적으로는 주가가 하락하면 OBV 곡선도 같이 하락한다. 그런데 주가가 하락하는데도 OBV 곡선의 하락세가 주춤거린다면 주의해야 한다. 조만간 바닥에 가까웠다는 신호로 간주되는 것이다.

아주 단순한 방법인데도 거래량과 주가와의 관계를 이용한 OBV를 분석하면 주가의 고점과 저점을 파악할 수 있다.

 1분 | 질 | 문

OBV는 어떻게 산출하는가?
OBV는 거래량의 누적인데, 주가가 상승한 날의 거래량은 더하고, 주가가 하락한 날의 거래량은 빼는 방법으로 산출한다.

조강지처의 말을 따르라

중국 후한시대의 광무제는 나라의 기초를 튼튼하게 만든 황제로 이름을 떨쳤다. 그런데 그에게도 걱정거리가 있었다. 일찍 남편을 잃고 혼자 살아가는 호양공주라는 누나 때문이었다. 광무제는 쓸쓸하게 지내는 그녀가 늘 마음에 걸렸는데, 이런저런 이야기를 나누다보니 호양공주가 송홍(宋弘)이라는 신하에게 호감이 있다는 것을 알게 되었다. 하지만 아쉽게도 송홍에게는 아내가 있었다.

광무제는 어느 날 송홍을 불러 넌지시 떠보았다. "속담에 이르기를 지위가 높아지면 친구를 바꾸고, 집이 부유해지면 아내를 바꾸려 한다고 하지 않소. 나는 그게 인지상정이라고 생각하는데, 어떻게 생각하시오?" 그러자 송홍은 "신은 어려울 때 사귄 친구를 잊어서는 안 되고, 술 찌꺼기와 쌀겨를 함께 먹은 아내는 마루에서 내려오게 해서는 안 된다고 들었습니다"라고 답하였다. 송홍이 아내를 어떻게 생각하는지 알게 된 광무제는 호양공주와 연결해주려던 계획을 포기할 수밖에 없었다.

중국의 역사책인 『후한서(後漢書)』, 송홍전(宋弘傳)에 나오는 이야기이다. 여기서 조강지처(糟糠之妻)라는 말이 유래했다. '조강'이란 술 찌꺼기와 쌀겨인데, 과거 식량이 부족하여 힘들던 시절에 먹었던 보잘 것 없는 음식을 뜻한다. 결국 조강지처란 고생을 같이 나눈 아내라는 의미이다.

　이제까지 우리는 여러 가지 기술적 지표들을 배웠다. 그런데 내가 강의할 때마다 종종 받는 질문의 하나는 "지표의 신호가 서로 다를 때는 어떻게 하나요?"라는 것이다. 예를 들어 MACD에서는 매수신호가 나타나는데, 스토캐스틱에서는 매도신호가 발생한다면 그때는 대체 어느 말을 들어야 할까? 과연 매수해야 할까 아니면 매도해야 할까? 라는 딜레마에 놓인다. 솔직히 곤혹스럽다. 지표들이 모두 동일한 방향으로 매매신호를 나타내면 좋으련만 실제로는 꼭 그렇지도 않다. 예로 든 것처럼 서로 반대방향의 신호를 나타내는 일이 적지 않아 혼란스럽다.

　왜 각 지표들의 매매신호가 서로 다르게 나타날까? 그것은 '민감도'가 같지 않기 때문이다. 어떤 지표는 주가의 변동에 예민하게 반응하는데, 또 다른 지표는 둔하게 반응하는 것이 그 이유이다. MACD와 이동평균선을 떠올린다면 쉽게 이해할 수 있다. 이동평균선은 안정적이지만 소위 '뒷북을 친다'는 결정적인 단점이 있다. 매매신호를 너무 늦게 나타내는 것이 흠이다. 그 결점을 개선하려 개발된 MACD는 이동평균선보다 매매신호를 빨리 낸다. 그러다보니 종종 이동평균선과 MACD의 신호가 엇갈린다. 추세가 상승세에서 하락세로 바뀔 경우, 주가가 조금만 고점에서 하락하여도 예민한 MACD는 금세 '매도' 신호를 발령한다. 하지만 둔감한 이동평균선은 여전히 골든크로스, '매수'신호인 것이다.

유사한 사례는 많다. 스토캐스틱은 5일간의 변동폭을 바탕으로 산출되므로 비교적 단기지표이다. 반면에 MACD는 26일 이동평균선과 12일 이동평균선의 차이를 이용하므로 스토캐스틱에 비하여 장기지표이다. 따라서 MACD는 주가 움직임에 스토캐스틱보다 신호가 늦을 수밖에 없다. 주가가 살짝이라도 오르면 스토캐스틱은 벌써 "사라"고 말하는데, MACD는 아직도 이전의 "팔라"는 신호를 유지하고 있다. 두 지표의 신호가 엇갈린다.

이럴 때 조강지처가 필요하다. 무슨 말이냐면, 애당초 무엇을 근거로 의사결정을 하였느냐는 것이 중요하다는 뜻이다. 예컨대 이동평균선에서 골든크로스가 나타나는 것을 보고 매수하였다면, 이동평균선이 조강지처인 셈. 송홍의 고사에서 이르듯 조강지처는 버리면 안 된다. 그러므로 이 경우에는 이동평균선이 데드크로스를 나타낼 때 매도하면 된다. 다른 지표의 신호는 쳐다볼 필요도 없다.

혹은 처음에 MACD의 신호를 보고 매수하였다고 하자. 그러면 당연히 나중에 MACD에서 매도신호가 나타나면 그때 팔면 된다. 살 때에는 MACD 신호를 따랐다가, 팔 때에는 스토캐스틱의 신호를 따라서는 안 된다. 그건 조강지처를 버리는 꼴이다.

지표의 선택에 있어 일관성을 가지는 것이 무엇보다 중요하다는 뜻, 조강지처를 들먹이는 이유이다.

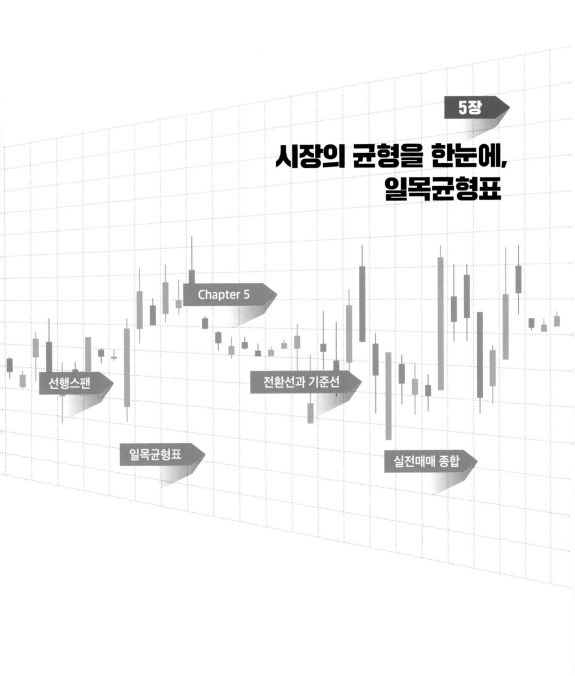

5장

시장의 균형을 한눈에,
일목균형표

Chapter 5

선행스팬

전환선과 기준선

일목균형표

실전매매 종합

신혼부부가 라스베이거스의 카지노로 신혼여행을 갔다. 카지노에 왔으니 당연히 도박을 하였을 터. 하지만 운이 없었던지 수중에 있던 1,000달러를 몽땅 잃고 말았다. 부부는 아쉽지만 터덜터덜 돌아설 수밖에 없었다.

그날 밤, 잠을 자려던 신랑의 눈에 화장대 위에 놓인 5달러짜리 칩이 들어왔다. 기념품으로 삼으려고 카지노에서 돈으로 바꾸지 않고 남겨둔 것이었다. 그런데 칩 표면에는 희한하게도 17이라는 숫자가 뚜렷이 빛나고 있었다. 신랑은 이것은 행운의 여신이 보내주는 어떤 계시라고 확신하였다. 그래서 녹색 목욕가운만 걸친 채 신부 몰래 잠자리에서 빠져나와 카지노로 향했다.

　신랑은 5달러를 룰렛 숫자 17에 걸었다. 구슬은 기가 막히게 17에 섰고, 신랑은 35배의 배당을 받아 175달러를 딸 수 있었다. 또다시 룰렛 판이 빙그르르 돌았을 때 신랑은 이번에도 돈을 몽땅 17에 걸었고 또 당첨이 되었다. 돈은 6,125달러로 불어났다. 행운은 계속 이어졌다. 신랑은 거듭해서 룰렛 번호 17에 돈을 걸었고, 줄곧 당첨이 되어 어느새 돈은 750만 달러로 크게 불어나 있었다.

　그런데 신랑이 다시 한 번 750만 달러를 몽땅 17에 걸었을 때, 카지노 매니저가 다가와 "지금 카지노의 현금이 없으니 여기서 그만두시라"고 정중히 부탁했다. 신랑은 거기서 멈추었어야 했다. 하지만 한창 행운의 여신이 자신을 돕고 있다고 믿은 신랑은 그럴 수는 없었다. 오히려 택시를 집어타고 라스베이거스에서 가장 돈이 많다는 이웃 카지노로 자리를 옮겼다. 그는 다시 17에 걸었고, 또 승리했다. 순식간에 2억6,200만 달러가 넘는 엄청난 돈이 수중에 들어왔다.

　신랑은 흥분을 감추지 못한 채 이번에도 당연히! 17에 모든 돈을 걸었다. 그러나 구슬이 이번에는 숫자 18에 멈추어 섰다. 세상에! 신랑은 순식간에 모든 것을 잃고 말았다. 이럴 수가!

　무일푼이 된 신랑은 터덜터덜 걸어서 호텔로 되돌아 왔다. 호텔 방으로 들어서자 마침 신부가 잠에서 깨어 그를 보았다.

　잠에 취해 있던 신부가 물었다. "어디 갔다 왔어?"

　신랑이 대답했다. "응, 룰렛하고 왔어."

신부가 물었다. "어떻게 되었어?"

신랑이 대답했다. "나쁘지 않았어. 5달러 잃었어……."

언론인인 개리 벨스키와 코넬대학 심리학 교수 토마스 길로비치의 공저 『영리한 당신 왜 큰 돈을 못벌까』(현실과 미래사)라는 책에 나오는 이야기이다. '녹색 목욕가운을 입은 사내의 전설'이라는 제목까지 붙을 정도로 행동경제학에서는 꽤 유명한 이야기다. 그 책에 따르면 실화라고 하는데, 글쎄. 믿어야 할지 말아야 할지는 잘 모르겠다. 여하튼 중요한 것은 이 사내가 실제로는 무려 2억6,200만 달러가 넘는 돈을 잃었다는 것. 하지만 그럼에도 불구하고 그는 달랑 5달러밖에 잃지 않았다고 생각했다는 점이다.

정말 어리석은 행동이다. 녹색 목욕가운을 입은 사내가 750만 달러를 땄을 때 도박을 멈추었다면 그는 아내와 함께 평생 풍요한 삶을 살 수 있었다. 하지만 그는 무모하게 도전에 나섰다가 결국 모든 돈을 잃었다. 이처럼 계속하여 '올 오어 나씽(All-or-Nothing)' 식으로 베팅하면 반드시 어느 한 순간 모든 것을 잃게 마련이다. 그는 대체 왜 이런 바보 같은 짓을 했을까?

인간의 심리와 재무활동의 연관성을 연구하는 학문인 행동경제학에서는 이를 '심리적 회계'라는 말로 설명한다. 똑같은 돈이지만 사람들은 '이 돈'과 '저 돈'을 달리 생각한다는 것이다. 예를 들어 겨울이 되어 날씨가 쌀쌀해지자 옷장에 넣어 두었던 오버 코트를 꺼내 입었다고 하자. 오버 코트 호주머니에 손을 넣어보니 바스락거리는 무언가가 만져진다. 꺼내보니 5만원짜리 지폐가 들어있는 것이 아닌가! 비슷한 경험을 한 사람들이 많을 터. 이때, 어떤 생각이 들까? 5만원이 '공돈'으로 느껴질 것이 분명하다. 그래서 쉽게 써버린다. 그 돈으로 평소의 '짠돌이'가 호기 있게 친구에게 점심을 산다.

하지만 오버 코트 호주머니에 잠자고 있던 5만원이나 지갑 안에 소중하게 넣어 둔 5만원이나 어차피 같은 5만원이다. 그 돈은 당신의 돈이며, 5만원을 벌기 위하여 똑같이 땀 흘렸다. 하지만 같은 돈이라도 호주머니 속에 있던 돈은 달리 느껴진다. 심리적 회계의 영향이다. 즉 여기서 말하는 심리적 회계란 결국 "어떤 돈을 다른 돈보다 가치가 낮은 것으로 간주해 함부로 낭비해 버리는 경향"을 의미한다.

녹색 목욕가운을 입은 사내는 자신의 본전은 5달러이고, 그 외에 나머지 돈은 모두 다른 돈으로 간주해서 '어차피 잃어도 되는 돈'이라고 생각했다. 그렇기에 무모하게 '몰빵'을 할 수 있었다. 만일 이 사내가 애초 가지고 있던 1,000달러로 룰렛을 했다면 이같은 무모한 베팅은 절대로 하지 않았을 것이다.

돈은 다 똑같다. 돈에는 꼬리표가 없다. 그런데도 사람들은 직장에서 힘들게 일해서 번 돈과 주식투자로 번 돈이 서로 다르다고 생각한다. 누구나 월급으로 받은 돈은 함부로 쓰지 않지만 주식투자로 번 돈이라면 펑펑 낭비하는 경향이 많다. 역시 심리적 회계 때문이다.

심리적 회계에 갇혀있는 한, 어떤 투자를 하더라도 수익을 낼 확률은 낮다. 생각부터 먼저 바꿔야 한다.

일목균형표의
기본

일목균형표를 만든 사람은 일본사람인 일목산인(一目山人), 본명은 호소다 코이치(細田悟一)이다. 그는 1898년에 태어나 26세 무렵 〈동경신문사〉에 입사한 후 주로 신문의 주식면을 담당했던 기자 출신의 분석가이다. 그가 신문의 주식시장 시황을 작성하면서 주가 움직임을 독자들에게 체계적으로 설명하고 또한 나름대로 파악하기 위해 독자적으로 만든 기법이 바로 일목균형표이다.

일목균형표는 1935년 신동전환선(新東轉換線)이라는 이름을 달고 부분적으로 세상에 공개된다. 그러나 그는 일목균형표가 어떻게 만들어지는지, 그리고 어떤 식으로 읽고 해석하며 거래하는지 등 핵심을 밝히지는 않았다. 정작 중요한 내용은 그 후 30여 년간 극비에 붙여졌다. 심지어 친한 친구들이 주식시장의 핵심을 읽는 비법이 있다는 사실을 눈치 채고 일목산인에게 내용을 알려달라고 간절히 요청했으나 절대로 비법을 가르쳐주지 않았다. 그래도 끈질긴 요청이 이어지자 그는 친구에게서조차 거액을 받고, 또한 향후 10년간은 결코 다른 사람에게 공개하지 않는다는 조건을 달고서야 비로소 비밀을 일러줄 정도였다. 그만큼 일목산인은 일목균형표에 대해 자신이 있었던 것이다.

이처럼 비밀로 간직되었으므로 만일 일목산인이 죽으면 그와 함께 일목균형표도 사라져버릴 뻔 했다. 그러나 일목산인은 70세가 되던 해, 자신의 생이 얼마 남지 않았다고 여겼고, 그동안 겪고 느낀 모든 것들을 책으로 남겨 후세 사람들이 이용하도록 해야겠다고 생각했다. 1969년 마침내 그는 일목균형표의 모든 것을 공개해 책으로 엮어 펴냈고, 그래서 오늘날 대중들이 일목균형표를 널리 사용하게 되었다.

일목산인은 1983년에 85세를 일기로 타계했다.

▌ 일목균형표란 무엇인가?

일목균형표가 우리나라에 들어온 이후 간혹 주간차트를 일목균형표로 만들고는 이를 주목(週目)균형표, 그리고 월간차트를 만들고는 월목(月目)균형표 운운하는 사람들은 본다. 무식을 스스로 고백하는 짓이다. 대체 '일목'이 무엇을 뜻하는지도 몰랐기에 그런 엉뚱한 말을 하는 것이다. 일목균형표에서의 일목은 날 일(日)에 눈 목(目)자가 아니라 한 일(一)에 눈 목(目)자를 쓴다. 즉 일목요연(一目瞭然)이라고 할 때의 바로 그 일목(一目)이다.

일목요연이란 간단명료하여 한 눈으로 척 보면 알 수 있다는 뜻이다. 문자 그대로 일목균형표는 간단하다. 하지만 일목균형표를 처음 대하는 사람은 그렇지 않다. 일목균형표가 복잡하게 여겨질 것이다. 우리가 통상적으로 접하는 차트와는 전혀 다르고, 온통 선들이 이리저리 그려져 있는데다 차트 중간에는 구름인지 뭔지 잘 알기 어려운 것들이 버티고 있기 때문이다. 그러나 일단 익숙해지면 세상에 일목균형표처럼 시장의 균형을 잘 표현하는 방법도 없다는 것을 느낄 것이다.

일목산인은 그의 저서에서 "시장은 오르거나 내리거나 아니면 횡보하는 세 가지 형태를 반복하지만, 거래로만 따진다면 사거나 파는 것 뿐"이라고 말하고 있다. 또한 "위, 아래 두 가지 뿐이므로 이처럼 간단한 것도 없다. 그런데도 시장을 어려워하는 것은 너무 많은 것을 복잡하게 생각하기 때문"이라는 조언도 했다. 아울러 그는 "초보투자자들이 큰 수익을 얻는 시장에서 전문가라는 사람들이 오히려 손해를 보는데, 과거의 지식이나 경험에 너무 얽매이기 때문"이라고도 설파했다. 한 마디로 복잡하게 생각해보았자 아무 소용이 없으며

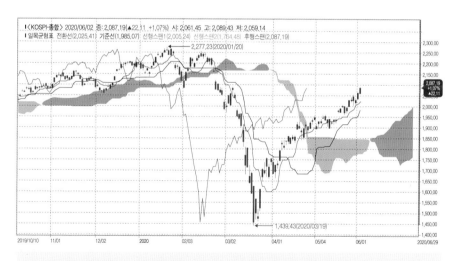

차트 5-1 ▶ 일목균형표 일목균형표는 시장의 균형을 일목요연하게 보여주는 표라는 뜻이다. 주식시장에서 매수세와 매도세간의 균형을 시각적으로 잘 표현한다는 장점이 있다.

결국 간단한 것이 최고라는 뜻이다.

'일목'이 간단하다는 뜻이라면 이제 '균형'이라는 말의 의미를 알아보자. 주식시장에서는 항시 파는 사람과 사는 사람이 항상 있다. 그러므로 주가가 움직이는데 중요한 것은 누가 매수하는지 혹은 매도하는지가 아니다. 누군가가 매수하면 반드시 누군가는 팔기 마련. 오히려 주가는 매수하는 측 혹은 매도하는 측이 얼마나 더 "적극적이냐"에 따라 움직인다. 매수하는 측에서 아무리 가격이 비싸더라도 지속적으로, 그리고 높은 값이라도 흔쾌히 지불하겠다고 달려든다면 주가는 올라가게 되어 있으며 거꾸로 매도하는 측에서 가격 불문하고 빨리 팔아 버리겠다고 덤비면 주가는 하락할 수밖에 없다.

매수 혹은 매도 어느 쪽이 더 적극적으로 달려드는지, 다시 말하여 매수세와 매도세간 '균형'이 어느 쪽으로 쏠려 있는지가 주가의 향방을 좌우한다. 매수세가 적극적이라면 시장에서의 힘의 균형은 의당 매수하는 쪽으로 쏠리기 마련이며 주가는 오른다. 반대로 시장에서의 힘의 균형이 매도하는 쪽으로 쏠린다면 주가는 하락하는 것이다.

일목균형표는 시장의 '균형'을 알려주는 역할을 한다. 그 균형을 일목균형표에서 어떻게 읽어 나갈지에 대하여서는 차차 설명할 것이니 여기서부터 서두를 필요는 없겠다.

'일목'과 '균형'에 대해 살펴보았으니 이왕이면 '표'에 대하여서도 마저 알아보자. 인간은 본시 관념적으로 머리에서만 생각하기보다 시각을 동원하면 생각을 훨씬 구체화할 수 있다. 예컨대 생각을 그림으로 나타내면 매우 더 효과적이다. 농구 경기에서 감독이 타임을 요청하고는 선수들에게 작전을 설명한다고 하자. 이럴 때 감독은 그냥 말로 하지 않는다. 농구코트 모형을 들고, 거기에다 바둑돌로서 각각의 선수들을 나타내면서 설명한다. TV 중계화면에서 자주 보았을 것이다. 그러면 선수들은 작전의 이해도가 훨씬 높아진다. 일목균형표도 같다. 시장의 세력균형을 관념적으로, 말로만 표현하는 것이 아니라 바로 '표'로, 즉 그림으로 나타내는 것이다.

결론적으로 일목균형표는 시장에서의 이러한 매수세와 매도세간의 세력 '균형'을 '일목' 요연하게 나타내어주는 '표'라고 정의할 수 있겠다.

 1분 | 질 | 문

일목균형표는 어떤 의미를 가지는가?
주식시장에서 매수세와 매도세간의 세력 '균형'을 '일목' 요연하게 나타내어주는 '표'

일목균형표의
괘선

일목균형표를 처음 접하는 사람들은 온갖 선들이 어지럽게 얽혀 있는 것을 보고 겁부터 낸다. 하지만 찬찬히 뜯어보면 일목균형표는 아래의 여섯 가지 요소로 구성되어 있는 것을 알 수 있다. 이 구성 요소를 일목균형표의 괘선(罫線)이라고 부른다.

첫째로 기준선

둘째로 전환선

셋째로 선행스팬1

넷째로 선행스팬2

다섯째로 후행스팬

마지막으로 봉차트까지 포함하여 이들 여섯 가지 요소가 일목균형표를 구성한다.

차트 5-2 ▶ 일목균형표의 구성요소   일목균형표는 전환선, 기준선, 선행스팬1, 선행스팬2, 후행스팬 그리고 마지막으로 봉차트까지 포함하여 여섯 가지 요소(이를 일목균형표의 괘선罫線이라고 한다)로 구성된다.

봉차트에 대하여서는 이미 앞에서 설명하였으니 긴 이야기는 하지 않고 그냥 넘어가자. 그러나 나머지 괘선에 대하여서는 구체적으로 잘 알아둘 필요가 있다. 우선은 괘선을 알아야 일목균형표를 볼 수 있으니 당연한 말이지만, 더 중요한 것은 괘선을 이용하여 주가를 예측하므로 그걸 제대로 이해하지 않으면 일목균형표로 아무것도 할 수 없기 때문이다.

▎괘선을 만드는 법

먼저, 일목균형표의 괘선을 만드는 법부터 설명한다.

기준선은 당일을 포함하여 과거 26일 동안의 최고치와 최저치의 중간값이다. 수식으로 나타낸다면 다음과 같다.

$$기준선 = \frac{과거\ 26일간의\ 최고치 + 과거\ 26일간의\ 최저치}{2}$$

그런데 여기서 꼭 언급해야 할 것이 두 가지 있다. 하나는 "중간값"이라는 말이며 또 하나는 "당일을 포함하여 과거 26일간"이라는 말이다. 반드시 이해하고 다음 단계로 넘어가야 한다. 앞으로도 두고두고 나오는데다 일목균형표의 처음부터 끝까지를 관통하는 중요한 개념이기 때문이다.

우선 중간값. 일목균형표의 다른 괘선을 산출하는 방법을 보면 금방 눈치채겠지만, 일목균형표에서는 유난히 중간값이란 말이 많이 나온다. 예컨대 바로 다음에 설명할 전환선도 중간값이며 선행스팬1, 선행스팬2 역시 중간값으로 구해진다. 일목균형표의 괘선 중에서 중간값이 아닌 것을 찾는 일이 오히려 빠를 정도이다.

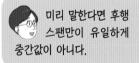
미리 말한다면 후행스팬만이 유일하게 중간값이 아니다.

중간값은 평균과 다르다. 평균은 변수들을 모두 합한 값으로 구해지는 반면에 중간값은 모든 변수를 일일이 더하지 않고, 최고치와 최저치만을 합하고 그걸 2로 나누어 구한다. 따라서 평균에서는 모든 변수가 필요하지만 중간값은 그렇지 않다. 단지 최고치와 최저치만 있으면 된다. 다른 변수는 모두 버리므로 덕분에 계산도 간편하다.

그리고 "당일을 포함하여"라는 말도 대단히 중요하다. 일목균형표에서는 항상 날짜를 계산할 때 당일을 포함한다. 일목균형표는 당일의 움직임을 중시한다. 왜냐하면 과거의 주가 움직임이 결국 오늘(당일)의 주가에 영향을 끼친다고 생각하기 때문이다.

다음으로 전환선을 구해보자. 전환선 역시 당일을 포함하여 계산한다. 전환선은 과거 9일 동안의 최고치와 최저치의 중간값으로 구해진다. 앞서 설명한 전환선과 기준선의 차이는 구하는 기간이 전환선은 9일간, 그리고 기준선은 26일간이라는 것밖에 없다.

역시 수학 공식처럼 기준선을 구하는 방식을 표현한다면

$$전환선 = \frac{과거\ 9일간의\ 최고치 + 과거\ 9일간의\ 최저치}{2}$$

다음으로 선행스팬이다. 일목균형표에는 선행스팬이 2개 있다. 각각 선행스팬1과 선행스팬2로 불린다. 먼저 선행스팬1부터 알아보자. 이것은 오늘의 기준선과 전환선의 중간값으로 구해진다. 굳이 공식으로 표현한다면 아래와 같다.

$$선행스팬1 = \frac{오늘의\ 전환선 + 오늘의\ 기준선}{2}$$

215

별거 아닌 것 같지만 그렇지 않다. 공식은 단순하지만 '선행'이라는 말에 비밀이 숨어 있다. 무슨 뜻인가 하면, 선행스팬은 차트의 오늘 날짜에 표시하는 것이 아니다. 날짜를 앞서서, 즉 선행하여 미래의 날짜에다 표시한다. 구체적으로 말하여 오늘로부터(역시 당일을 포함한다) 앞으로 26일 이후가 되는 곳에다 선행스팬1을 표시하는 것이다.

선행스팬2도 중간값이다. 그런데 선행스팬1은 기준선과 전환선의 중간값이었지만, 선행스팬2는 전환선이나 기준선과 마찬가지로 기간 중의 최고치와 최저치의 중간값으로 구해진다. 그런데 선행스팬2는 구하는 기간이 좀 길다. 선행스팬2는 당일을 포함해 과거 52일간의 최고, 최저치의 중간값으로 구해진다.

$$선행스팬2 = \frac{과거\ 52일간의\ 최고치\ +\ 과거\ 52일간의\ 최저치}{2}$$

선행스팬2 역시 선행스팬1처럼 날짜를 선행한다. 차트의 오늘 날짜 자리에 표시하는 것이 아니라, 앞으로 미래인 26일 이후가 되는 곳에 선행하여 표시한다.

그리고 선행스팬을 차트에 표시하면 선행스팬1과 선행스팬2로 둘러싸인 공간이 발생하는데, 일목균형표에서는 그곳에 색을 칠하고 '구름'이라고 말한다. 구름은 다른 기술적 분석기법에는 존재하지 않는 일목균형표만의 독특한 개념인데, 시장의 균형을 보여주는데다 향후의 주가를 예측한다거나 추세를 파악하는 일, 혹은 지지선이나 저항선의 수준을 살피는 일 등 많은 면에서 매우 중요한 역할을 한다.

이제 마지막으로 후행스팬이다. 후행스팬은 일목균형표를 구성하는 요소 중에서 유일하게 중간값이 아니다. 산출하는 방법은 너무도 쉽다. 오늘의 종가가 바로 후행스팬이 된다. 그런데 후행스팬 역시 표시하는 방식이 다르다. 이것도 일목균형표만의 독특한 성격 중 하나이다. 앞서 우리가 보았던 선행스팬은 오늘로부터 26일 이후인 곳에 '선행'하여 표시하였다. 반면에 후행스팬은 문자 그대로 오늘로부터 뒤로 돌아 26일 이전인 곳에 '후행'하여 표시한다.

 1분 | 질 | 문

전환선은 어떻게 산출되는가?
오늘을 포함한 과거 9일간의 최고가격과 최저가격의 중간값이다.

전환선과 기준선

▎ 기준선의 역할

앞서 설명하였듯이 기준선은 오늘을 포함하여 과거 26일간의 최고, 최저치의 중간값으로 구해진다. 그런데 기준선은 말 그대로 추세의 '기준'이 된다. 쉽게 말하여 기준선이 상승하면 현재의 추세도 상승세이고 거꾸로 기준선이 하락하면 현재의 추세도 하락세이다. 왜 그렇게 되는지는 쉽게 이해할 수 있다. 예컨대 추세가 상승세라면 의당 최고점의 수준도 날이 갈수록 치솟을 것이고 저점도 덩달아 올라갈 것이다. 그 결과 최고점과 최저점의 중간값으로 구해지는 기준선 역시 시간이 지날수록 상승하게 된다. 반대의 경우도 역시 성립한다.

개념을 조금 더 확대하면 이런 해석도 가능하다. 주가와 기준선과의 관계에서 주가가 기준선 위에 있으면 현재의 추세가 상승세, 그리고 주가가 기준선 아래에 위치하면 현재의 추세는 하락세라고 말할 수 있게 된다. 사실 이것은 기준선이 추세의 '기준'이 되는 선이라는 말을 약간 응용한 것에 지나지 않지

차트 5-3 ▶ 기준선의 방향과 추세의 방향 기준선이 상승세이면 현재의 주가도 상승세이고, 기준선이 하락세이면 현재의 추세도 하락세가 된다. 위 차트는 기준선의 방향을 또렷하게 표시하기 위하여 일목균형표의 다른 괘선은 삭제하였다.

만 대단히 중요한 의미를 가진다. 왜냐하면 단순히 현재의 주가가 기준선과 관련하여 어떤 위치에 있는지 살피는 것만으로도 충분히 추세의 방향을 읽을 수 있기 때문이다.

달리 말하여 기준선이 추세의 기준이 되고, 또한 주가와 기준선과의 위치가 어떻게 되느냐에 따라 지금의 추세를 가늠할 수 있다면 기준선 그 자체가 지지선이나 저항선으로 작용할 것이다. 왜냐하면 주가가 기준선을 넘어서는 순간, 추세가 바뀌는 셈이니 그냥 쉽게 주가가 기준선을 넘나들기는 어려운 노릇일 터. 결국 기준선은 지지선이나 저항선의 역할을 톡톡히 하리라는 것은 쉽게 예상할 수 있는 일이다.

> 이리저리 말을 바꾸어 설명하였지만 사실은 세 가지 모두 대단히 중요하다.

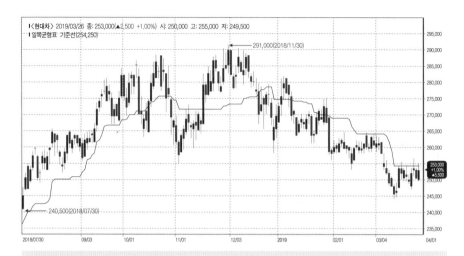

차트 5-4 ▶ 기준선과 주가와의 관계 　주가가 기준선 위쪽에 위치하면 현재의 추세는 상승세이
며 반대로 주가가 기준선 아래에 위치하면 현재의 추세는 하락세이다. 단순히 주가가 기준선의
위쪽에 위치하고 있는지 혹은 아래쪽에 위치하고 있는지에 따라 추세의 방향을 가늠할 수 있다.
위 차트는 기준선의 방향을 또렷하게 표시하기 위하여 일목균형표의 다른 괘선은 삭제하였다.

차트 5-5 ▶ 기준선의 역할 　기준선은 추세의 기준이 되는 곡선이기에 그것 자체로 지지선이나
저항선의 역할을 수행한다. 또한 기준선의 방향으로도 추세를 판단할 수 있다. 삼성전자의 경우
기준선이 절묘하게 지지선 혹은 저항선의 역할을 감당하고 있다.

기준선과 주가와의 관계를 따져 지금의 추세가 상승세인지 아닌지 판단할 수 있고, 또한 기준선의 방향을 보고서도 현재의 추세를 가늠할 수 있으며. 그리고 기준선이 어디에 위치해 있는지를 알면 지지선 혹은 저항선이 어디에 걸쳐 있는지도 역시 예상할 수 있다.

▌ 전환선의 역할

앞서 기준선은 추세의 방향을 보여주는 선이라고 했다. 그런데 전환선은 더 짧은 기간으로 산출되므로 기준선보다 훨씬 빨리 추세방향을 알려줄 것이다. 실제로 전환선은 문자 그대로 추세의 '전환'을 일러주는 곡선이 된다.

기준선과 마찬가지로 전환선이 상승하면 현재의 추세는 상승세이고, 전환

차트 5-6 ▶ 전환선도 훌륭하게 지지선이나 저항선으로서의 역할을 수행한다.

선이 하락하면 현재의 추세는 하락세가 된다. 그런데 전환선은 기준선에 앞서서 방향을 바꾼다. 따라서 빠른 매매를 하려면 전환선의 방향만으로도 가능하다. 전환선이 상승하면 매수 시기로 판단할 수 있다. 반대로 전환선이 하락하면 매도시기로 간주하면 된다.

주가와 전환선의 관계도 같다. 주가가 전환선 위에 위치하면 상승세이며 주가가 전환선 아래에 있으면 하락세일 터. 다만 기준선과는 달리 전환선은 9일이라는 비교적 단기간에 구해지는 것이어서 주가의 사소한 움직임에도 예민하다. 따라서 단순히 주가와 전환선과의 위치를 살펴 추세를 단정하면 자칫 속임수에 빠져들 위험이 있다. 그리고 전환선 역시 지지선이나 저항선의 역할을 수행한다. 이때 전환선은 1차 지지선이나 저항선, 그리고 기준선은 그다음으로 2차 지지선이나 저항선 역할을 수행한다.

▌ 기준선과 전환선의 교차를 이용한 실전매매

전환선의 방향으로도 추세를 가늠할 수 있다고 했다. 실제로 차트를 확인하면 전환선의 방향이 바뀔 때마다 추세가 바뀐 경우가 대단히 많았다. 하지만 전환선의 방향이 바뀌었다고 하여 추세가 반드시 변화했던 것은 아니다. 어떨 때에는 전환선의 방향은 바뀌었는데도 추세는 바뀌지 않고 유지되기도 한다. 이럴 때 전환선의 방향전환은 일시적인 현상에 그친다. 금세 전환선이 되돌아가므로 전환선의 방향만을 믿고 거래하였다가 높은 값에 사고, 헐값에 팔아치우는 결과를 낳는다. 기술적 분석 용어로는 휩소(whip-saw)라고 한다.

> 휩소는 속임수 패턴, 잘못된 매매신호라는 뜻이다.

222

매매신호를 나타내는 타이밍이 빠를수록 불안정하다는 약점은 피할 수 없다. 그래서 이번에는 조금 늦지만 대신에 안정적인 매매신호를 알아본다. 기준선과 전환선의 교차를 이용하는 방법이다. 기준선에 비해 전환선은 산출하는 기간이 짧다. 따라서 전환선은 기준선보다 주가의 움직임을 더 일찍 반영한다. 지금이 상승세라면 당일과 가까운 최근 9일간 최고치와 최저치는 당일에서 멀고 그래서 아직 주가가 덜 오른 상태인 26일간의 최고치와 최저치에 비하여 높을 수밖에 없다. 반대로 지금이 하락세라면 가까운 과거, 즉 이미 내릴 만큼 내린 최근 9일간의 주가를 기준으로 계산되는 전환선은 더 먼 주가로 계산되는 기준선보다 낮을 수밖에 없다.

결론적으로 전환선이 기준선보다 위쪽에 있으면 상승세이고, 반대로 전환선이 기준선 아래쪽에 있으면 하락세이다. 그렇다면 상승세와 하락세는 언제 바뀌는가? 그렇다. 전환선과 기준선의 위치가 뒤집힐 때이다. 기준선 위에 있던 전환선이 기준선 아래로 내려가면 상승세가 끝나고 하락세로 바뀐 것이다. 마찬가지로 기준선 아래에 있던 전환선이 기준선 위로 올라서면 하락세가 끝나고 상승세로 바뀐 것이다. 이때가 바로 적절한 매매타이밍이 된다.

이동평균선에서 단기 이동평균선이 장기 이동평균선을 상향 돌파하면 골든크로스, 단기 이동평균선이 장기 이동평균선을 하향 돌파하면 데드크로스라고 말하는 것과 같다. 전환선이 기준선을 상향 돌파하면 매수 타이밍이고, 전환선이 기준선을 하향 돌파하면 매도 타이밍이다.

그런데 일목산인은 기준선과 전환선이 서로 교차하는 매매 타이밍을 설명했으나, 이를 골든크로스 혹은 데드크로스로 지칭하지는 않았다. 기준선이나

I〈삼성전자〉 2020/05/26 종:49,250(▲400 +0.82%) 시: 48,700 고: 49,450 저: 48,600
I 일목균형표 전환선(49,050)·기준선(49,600)·선행스팬1(49,325)·선행스팬2(48,600)·후행스팬(51,400)

62,800(2020/01/20)

매도

매도   매수

매수

51,400
+0.39%
▲200

매도 매수

매수

매수

42,300(2020/03/19)

2019/10/10   11/01   12/02   2020   02/03   03/02   04/01   05/04   06/01   2020/06/29

차트 5-7 ▶ 기준선과 전환선의 호전과 역전 기준선과 전환선이 호전되면 매수신호이고, 기준선과 전환선이 역전되면 매도신호로 인식한다.

전환선은 중간값이지 이동평균선은 아니기 때문이다. 일목균형표에서는 기준선과 전환선이 서로 "호전되었다" 혹은 "역전되었다"라고 말한다.

 1분 | 질 | 문

기준선과 전환선으로 판단할 때, 하락추세였던 것이 언제 상승추세로 바뀌는가?

전환선이 기준선을 아래에서 위로 상향돌파할 때, 즉 호전될 때.

선행스팬과
구름

█ 선행스팬의 의미

첫 번째로 선행스팬이 그려지는 위치부터 알아보자. 선행스팬은 26일 앞에다 표시한다. 그러다보니 매일 우리는 과거 26일전에 만들어져서 오늘의 위치에 미리 와 있던 선행스팬과 만나게 된다. 그리고 선행스팬1과 선행스팬2로 만들어진 공간에 색을 칠하여 구름이라고 부른다. 나중에 또 설명하겠지만 구름은 저항선이나 지지선으로 작용하는 등 상당히 중요한 의미를 가진다. 당장 오늘 만나는 선행스팬1과 선행스팬2로 형성된 구름은 오늘의 주가에 지지선 혹은 저항선으로 작용한다는 말이다.

그런데, 잠깐!

이 구름은 오늘 만들어진 것이 아니다. 26일 전에 미리 만들어져서 오늘이 오기를 기다리고 있던 구름이지 않은가! 그렇다면 오늘의 주가 움직임을 토대로 만들어지는 선행스팬1과 선행스팬2, 즉 구름은 무엇에 영향을 미칠까? 그

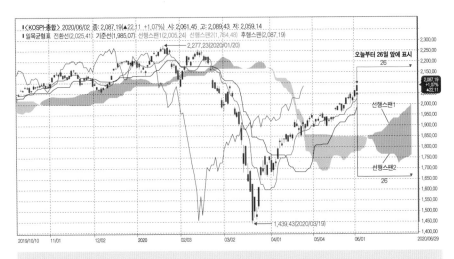

차트 5-8 ▶ 선행스팬 선행스팬1은 당일의 기준선과 전환선의 중간값을, 26일 앞에 선행하여 표시하고 선행스팬2는 과거 52일간 최고, 최저치의 중간값을 역시 26일 앞에 선행하여 표시한다. 이렇게 만들어진 선행스팬1과 선행스팬2 사이의 공간에 색을 칠하여 구름이라고 말한다.

렇다. 당연히 앞으로 26일 이후의 주가에 지지선 혹은 저항선으로서 영향을 미칠 것이다. 여기에 일목균형표의 심오한 사상이 숨어있다.

일목균형표를 만든 일목산인은 독실한 불교신자였다. 불교에서는 "전생의 업보가 현세에 미치고, 현세의 덕이 내세에 영향을 미친다"고 한다. 일목균형표에서도 똑같다. 26일 전에 구름으로 만들어진 과거의 주가 움직임이 현재의 주가에 영향을 미친다. 그리고 오늘 만들어진 구름이 앞으로 26일 후 미래의 주가에 영향을 미칠 것이다.

두 번째로, 선행스팬1과 선행스팬2의 위치에 대하여 알아보자. 선행스팬1은 기준선과 전환선의 중간값이다. 그리고 기준선은 과거 26일동안 최고치와 최저치의 중간값. 전환선은 과거 9일동안 최고치와 최저치의 중간값이다. 그런데 선행스팬2는 단순히 과거 52일동안 최고치와 최저치의 중간값이다. 결국 선행스팬1과 선행스팬2를 비교하면 선행스팬1을 구하는데 사용되는 기간이 선행스팬2를 구하는데 사용되는 기간에 비하여 짧다.

이동평균선을 설명하면서, 단기 이동평균선과 장기이동평균선의 위치에 대하여 말한 바 있다. 상승세일 때에는 단기 이동평균선이 장기 이동평균선보다 높은 곳에 있고, 반대로 하락세일 때에는 단기 이동평균선이 장기 이동평균선보다 낮은 곳에 위치한다. 혹은 일목균형표의 기준선과 전환선의 위치에서도 전환선이 기준선다 높은 곳에 있으면 상승세, 반대로 전환선이 기준선보다 낮은 곳에 있으면 하락세라고 했다. 이 모든 것이 '단기'에 구해지는 지표와 '장기'로 구해지는 지표의 위치에 따라 추세를 가늠하는 방법이었다. 따라서 이 논리를 선행스팬에도 똑같이 적용할 수 있다. 선행스팬1을 구하는 기간이 선행스팬2를 구하는 기간보다 단기이므로 선행스팬1이 선행스팬2보다 높은 곳에 있으면 상승세이고 선행스팬1이 선행스팬2보다 낮으면 하락세라고 판단할 수 있다.

세 번째로, 선행스팬을 단순히 추세를 판단하는 용도로만 사용하는 것은 결코 아니다. 그럴 리가 없다. 오히려 결정적인 용도가 지금부터 설명하는 이것에 있다. 결론부터 말한다면 앞서 구름이 지지선이나 저항선으로 작용하는 것과 마찬가지로 선행스팬1과 선행스팬2 역시 제각각 지지선이나 저항선이 된다.

일목균형표에서 괘선을 산출할 때 중간값을 사용하는 특별한 이유가 있다. 균형을 의미하기 때문이다. 중간값이란 최고점과 최저점의 한 가운데, 당연히 균형의 중심이다. 예를 들어 전환선은 단기적으로 매수세와 매도세간의 균형점을 의미하며 기준선은 중기적으로 매수세와 매도세간의 균형점을 뜻한다. 같은 논리로 선행스팬1과 선행스팬2 역시 매수세와 매도세간의 균형점이 된다.

이미 우리는 기준선과 전환선이 추세를 가늠하는 지표가 되는 동시에 각각 지지선 혹은 저항선으로 작용한다는 사실을 배웠다. 똑같다. 선행스팬1이나 선행스팬2도 각각 지지선이나 저항선으로 작용한다.

그렇다면 실전에서는 어떻게 매매하는 것이 좋을까? 지지선이나 저항선 언저리에서의 매매 요령을 떠올리면 된다. 주가가 지지선 근처로 내려오면 지지를 받아 반등할 것을 기대하고 매수 기회를 노려야 하며, 반대로 주가가 저항선 언저리까지 치솟으면 저항을 받아 상승세가 꺾일 것을 예상하여 매도시기를 저울질하여야 한다.

▌구름의 기능

일목균형표에서는 선행스팬1과 선행스팬2로 둘러싸인 구간에 색을 칠하고 구름이라고 말한다. 일목균형표에서의 구름은 가장 눈에 띄는 특징이고, 따라서 그것이 인상적이었는지 영어로 일목균형표를 '이치모쿠의 구름(Ichimoku Cloud)'으로 지칭할 정도이다. 그런데 구름은 독특한 것뿐 아니라 다른 기술적 분석기법이 도무지 따라올 수 없는 빼어난 기능을 가지고 있다.

첫째로, 구름은 현재의 주가가 상승세인지 하락세인지 확실하게 규정할 수

차트 5-9 ▶ **구름의 지지와 저항** 차트에 원으로 표시하였듯 구름은 주가와의 관계에서 지지선 혹은 저항선으로 작용한다. 또한 구름이 두꺼울수록 더욱 강력한 지지선, 저항선이 된다는 것도 알 수 있다.

있도록 한다. 이제까지 일목균형표의 여러 괘선을 통해 현재의 추세를 판단하는 방법을 알아보았다. 예를 들어 전환선이 상승하여도 상승세이고, 기준선이 올라가도 역시 상승세이다. 또는 기준선과 전환선이 호전하여도 상승세이고, 선행스팬1이 선행스팬2보다 위에 있어서 양운이 만들어져도 상승세라고 하였다.

독자들은 헷갈린다. 대체 무엇을 보고 상승세인지 하락세인지 판단해야 하는 건가? 판단의 근거가 너무 많지 않은가라고 말할 것이다. 물론이다. 판단의 근거가 너무 많다. 하지만, 시점이 다르다. 단기간의 추세냐 장기간의 추세냐, 즉 어느 기간의 추세를 볼 것이냐가 관건. 예를 들어보자. 우리나라의 주식시장은 분명히 대세 상승이다. 1956년 3월 3일 증권거래소가 첫 거래를 시작하였던 시점의 주가와 지금의 주가를 비교하면 틀림없이 상승했다. 그동안 경제가 성장하였으니 주가가 오른 것은 당연한 일이다. 하지만 그때부터 지금까지의 주가가 하루도 빠짐없이 오르기만 한 것은 아니다. 몇 년 동안 내내 추락한 시기도 분명 있었다. 하지만 그 하락하던 시기에도 몇 달 동안은 주가가 오르던 때가 있었고, 그것을 또 세분하면 짧게 오르내림을 반복하였다. 결국 시점의 문제이다. 언제부터 언제까지를 잘라 보느냐 하는 것이 중요하다. 장기추세인지 단기추세인지 먼저 결정해야 한다. 전환선은 가장 짧은 기간의 추세를 판단할 수 있도록 한다. 기준선은 그 다음으로 긴 기간의 추세이다. 선행스팬은 기준선보다 더 긴 기간의 추세를 가늠할 수 있도록 한다.

선행스팬1과 선행스팬2로 구성된 구름은 장기간 추세를 알려준다. 주가가 구름 위, 즉 선행스팬1과 선행스팬2보다 모두 위에 있으면 상승세다. 반대로 주가가 구름 아래에 있으면 하락세이다.

특히 구름으로 알 수 있는 추세는 장기간이므로 안정적이며, 쉽게 바뀌지 않는다. 더구나 일목균형표에서 구름을 표시해놓고 거기에 주가를 나타내면, 주가와 구름과의 위치로 추세가 어떤 상태인지 쉽게 판별할 수 있다. 그야말로 척 보면 주가가 구름 위인지 아래인지 금세 알 수 있으니 한 눈에 알아볼 수 있다. 일목요연하지 않른가! 일목균형표의 '일목'이 바로 여기에서 유래하였다.

둘째로, 선행스팬1과 선행스팬2가 각각 지지선이나 저항선 역할을 하므로 구름도 지지선이나 저항선이 된다는 것은 당연한 이치이다. 그런데 구름은 선행스팬1과 선행스팬2 사이의 공간이다. 따라서 선행스팬1과 선행스팬2의 간격이 좁거나 넓으면, 그것에 따라 구름의 두께가 달라진다.

구름이 지지선이나 저항선이 된다고 하였는데, 만일 구름의 두께가 두껍다면 지지선 혹은 저항선의 강도(세기)는 어떠리라고 예상되는가? 그렇다. 당연하다. 두께가 두꺼울수록 강력한 지지선 혹은 저항선이 될 것이다. 실제로도 구름이 두꺼우면 막강한 지지선 혹은 저항선으로 위력을 발휘하는 경우를 쉽게 발견할 수 있다. 그 반대로 구름이 얇다면 지지선 혹은 저항선의 강도(세기)가 약하리라는 것도 쉽게 이해할 수 있다.

셋째로, 선행스팬1과 선행스팬2의 위치에 따라 구름의 색을 달리 한다고 설명하였다. 선행스팬1이 선행스팬2보다 위쪽에 있으면 양운으로 밝은 색을

차트 5-10 ▶ 양운과 음운 선행스팬1의 위치가 선행스팬2보다 위쪽에 있을 때를 양운이라고 말하며 반대로 선행스팬1이 선행스팬2보다 아래에 있을 때를 음운이라고 말한다. 다만 양운이건 음운이건 구름의 색깔은 그리 중요하지 않다.

칠하고, 선행스팬1이 선행스팬2보다 아래쪽에 있으면 음운으로 어두운 색을 칠한다.

그런데 엄밀하게 말하면 구름의 색깔이 양운인지 음운인지가 엄청나게 중요한 것은 아니다. 양운이 상승추세를 의미하고 음운이 하락추세를 뜻하긴 하지만, 실전에서 구름의 색이 매매에 큰 영향을 미치지는 않는다. 오히려 더 중요하게 여겨야 하는 사실은 다른 곳에 있다. <u>구름이 양운에서 음운으로 바뀔 때에는 특히 주의해야 한다.</u> 구름의 색이 바뀌는 시점에서 뭔가 시장에 큰 변화가 나타나기 때문이다. 구름이 바뀔 때 추세가 전환되는 일이 많은데, 경우에 따라서는 추세가 전환되지 않고 오히려 기존 추세가 더욱 더 강력해지기도 한다. 어떻든 구름의 색이 바뀔 때가 매매의 기회이다.

 1분 | 질 | 문

구름은 어떻게 만들어지는가?
선행스팬1과 선행스팬2 사이에 만들어진 공간에 색을 칠하여 구름이라고 한다.

후행스팬의 위력

일목균형표에는 기준선이며 전환선 등과 같이 많은 괘선이 존재한다. 그리고 괘선은 한결같이 중간값으로 구해진다. 그런데 괘선 중에서 유일하게 중간값이 아닌 것이 있다. 지금 설명할 후행스팬이다. 후행스팬은 그냥 오늘의 종가이다. 그게 바로 오늘의 후행스팬이 된다.

그런데 오늘의 종가를 그냥 밋밋하게 사용하면 아무 의미도 없다. 일목균형표에는 독특한 스팬이라는 말이 있다. 스팬은 '일정한 기간'이라는 뜻이다. 통상 26일이 사용된다. 예를 들어 선행스팬의 경우, 차트의 오늘 날짜 자리에 표시하는 것이 아니라 오늘로부터 26일 앞에 선행하여 표시한다. 후행스팬도 스팬이다. 그러므로 후행스팬은 말 그대로 오늘로부터 26일 뒤로 후행하여 표시할 것이라고 쉽게 짐작할 수 있다. 맞다. 정답이다. 후행스팬은 오늘의 종가인데, 그것을 26일 뒤로 후퇴하여 표시한다.

차트 5-11 ▶ 후행스팬   오늘의 종가를 뒤로 26일 후행하여 표시하면 후행스팬이 된다.

▌ 후행스팬의 기능

그러면 대체 오늘의 종가를 26일 뒤로 후퇴하여 표시하는 것이 무슨 의미를 가질까? 후행스팬은 중간값도 아니지만 꽤 많은 기능을 가지고 있다.

첫째로, 후행스팬은 상대적인 주가 수준을 가늠하게 해준다. 이런 예를 생각해보자. 주식 투자의 원리란 주가가 쌀 때 매수하여 비싸게 매도하여 차익을 얻는 것이다. 그런데 아무리 싸게 매수하더라도 주가가 더 싼 값으로 추락해버리면 손해를 볼 수밖에 없다. 반대로 아무리 비싸게 매수하더라도 그 주식을 더 비싸게 매도할 수 있으면 성공이다. 결국 주가의 절대적인 수준이란 의미가 없다. 상대적인 수준이 훨씬 중요하다. 그렇다면 주가의 상대적인 수준이 높은

지 낮은지 어떻게 알까? 바로 후행스팬이 이런 문제를 해결한다.

예컨대 현재의 추세가 상승세라면 의당 오늘의 주가는 26일전의 주가에 비하여 높을 수밖에 없다. 반대로 현재의 추세가 하락세라면 오늘의 주가는 26일전에 비하여 낮을 것이다. 그러므로 단순하게 오늘의 주가와 26일전의 주가를 비교하는 방법으로도 지금의 추세를 판단할 수 있다. 이 목적으로 후행 스팬이 이용된다.

그런데 지금의 주가가 26일전의 주가에 비하여 높은지 낮은지 따지려면 옛날로 돌아가서 과거의 주가와 비교해야 하는데, 그 역할을 후행스팬이 담당한다. 지금의 주가가 바로 후행스팬이 되므로 그것을 26일 후행하여 표시하고, 그 당시의 주가와 비교하면 된다. 후행스팬이 26일전의 주가보다 위에 있으면 현재의 주가가 26일전의 주가보다 높은 것이다. 의당 지금의 추세는 상승세. 반대로 후행스팬이 26일전의 주가보다 아래에 위치하면 현재의 추세는 하락세라고 판단하면 된다.

둘째로, 후행스팬도 지지선이나 저항선의 역할을 한다. 우리는 기준선, 전환선이 서로 교차할 때 각각 호전 혹은 역전이라고 말한다. 후행스팬의 경우도 똑같다. 26일전의 주가와 후행스팬을 서로 비교하여 후행스팬이 26일전의 주가보다 위에 있는지 혹은 아래에 있는지 따져 각각 상승추세, 하락추세라고 말하는데, 마찬가지로 후행스팬이 26일전의 주가와 서로 교차할 때에도 각각 호전이나 역전이라고 말한다.

그런데 후행스팬과 26일전의 주가와의 관계를 살펴보면 흥미 있는 사실을 알 수 있다. 후행스팬과 26일전의 주가가 단순하게 교차하는 경우도 있지만 실제로는 후행스팬이 26일전의 주가와 만나면서 과거의 주가가 지지선이나 저항선이 되는 경우가 훨씬 많다. 후행스팬이 26일전의 주가를 넘어서면 상승세이다. 그렇게 되면 추세가 바뀌는 셈이므로 쉽사리 상황이 바뀌지 않을 터. 따라서 후행스팬이 26일전의 주가를 좀처럼 넘어서지 못하는데 결국 26일전의 주가가 후행스팬의 저항선이 되는 것이다. 그런데 후행스팬은 바로 오늘의 종가이므로 결론적으로 26일전의 주가 역시 현재의 주가에 저항선으로 작용하는 셈이다.

앞에서 설명하였듯 불교 사상처럼 "과거의 주가 움직임이 현재의 주가에 영향을 미치는" 또 하나의 사례이다.

일목균형표를 만든 일목산인은 일목균형표의 모든 요소들이 다 중요하지만 그 중에서 꼭 하나만을 꼽으라면 후행스팬을 선택하겠노라고 말할 정도로 후행스팬을 중시하였다. 오늘의 종가를 26일 뒤로 미룬 것이 후행스팬인데 그렇게 대단한 위력을 가질까 생각하겠지만 실제로 후행스팬을 이용해보면 의외로 효과가 빼어나다.

🕐 1분 | 질 | 문

후행스팬은 어떻게 산출되는가?
오늘의 종가를 26일 이전(과거)으로 돌아가 나타낸 것이다.

일목균형표
실전매매 종합

이제까지 우리는 일목균형표를 구성하는 각 요소들, 즉 괘선들에 대하여 하나
씩 알아보았다. 사실 앞에서 기준선이며 전환선 혹은 구름대 등을 설명하면서
각 괘선들을 이용하여 거래하는 방법을 단편적으로 말한 바 있다. 따라서 이를
테면 '종합편'이라고 해두자. 일목균형표를 구성하는 각 요소들의 움직임에 따
라 매매신호를 포착하고 거래하는 방법을 종합하여 설명할 것이다.

▌ 괘선으로 파악하는 추세진행의 단계

일목균형표를 구성하는 여러 요소들, 즉 괘선들 중에서 주가의 움직임에 가장
예민한 것은 후행스팬과 전환선이다. 후행스팬은 '오늘의 종가 그 자체'이니
두말할 나위가 없이 예민할 것이고, 전환선은 '당일로부터 과거 9일간'이라는
비교적 단기간에 나타난 최고치, 최저치의 중간값이므로 의당 주가 움직임에
민감하게 반응할 터. 특히 전환선은 기준선에 비하여서 주가 움직임에 훨씬 예

민하게 반응하여 움직인다. 예컨대 오늘의 장중고점이 기존의 고점을 상향돌파하기만 하여도 전환선은 상승할 수 있다. 물론 기준선도 중간값이지만 구하는 기간이 26일로 다소 길다. 그러므로 오늘의 장중고점이 과거 9일간의 최고치는 넘길지라도 9일간의 최고치에 비하여서는 높은 과거 26일간의 최고치는 넘기지 못할 수 있고, 그럴 경우는 전환선은 변하더라도 기준선은 변동하지 못한다.

앞서 기준선과 전환선을 설명하면서 이들이 지지선이나 저항선으로 작용한다는 것도 밝혔다. 그러므로 예컨대 하락세였던 추세가 상승세로 돌아서려면 주가가 상승하면서 기준선이나 전환선의 저항을 이겨내고 그 수준을 상회하여야 한다. 결국 추세가 하락세에서 상승세로 돌아서는 단계를 이렇게 설명할 수 있겠다.

- 첫 번째, 내리 하락하던 주가가 어디선가 바닥을 만들고 상승하기 시작한다.
- 두 번째, 상승하는 주가는 저항선으로 작용하였던 전환선과 기준선을 상향돌파한다.
- 세 번째, 전환선이 상승세로 돌아서면서 기준선과 전환선이 호전된다.
- 네 번째, 기준선이 상승한다.
- 다섯 번째, 후행스팬이 26일 전의 주가를 상향돌파하여 호전된다.
- 여섯 번째, 주가가 저항선으로 작용하던 구름을 상향돌파한다.

차트 5-12 ▶ 상승세의 첫 번째 단계 하락하던 주가가 어디선가 바닥을 만들고 상승하기 시작한다. 하지만 이때만 하더라도 상승추세의 시작인지 아니면 단순한 반등인지 판단하기 어렵다.

차트 5-13 ▶ 상승세의 두 번째, 세 번째 단계 주가가 더 상승하여 기준선과 전환선의 저항을 넘어서고, 드디어 기준선과 전환선이 호전된다.

차트 5-14 ▶ 상승세의 네 번째, 다섯 번째 단계 기준선이 상승하며, 후행스팬도 결국 26일전의 주가 저항을 뚫고 상승하여 후행스팬과 주가와의 관계가 호전된다.

차트 5-15 ▶ 상승세의 여섯 번째 단계 주가는 더 상승하여 구름대의 저항마저 돌파한다.

〈KOSPI-종합〉 2002/01/07 종: 751.48(▲3.76 +0.50%) ·시: 748.54 ·고: 757.81 ·저: 735.55
일목균형표 전환선(699.76), 기준선(687.16), 선행스팬1(693.46), 선행스팬2(643.28), 후행스팬(796.18)

757.81(2002/01/07)

751.48
+0.50%
▲3.76

463.54(2001/09/21)

2001/07/05   08/01   09/03   10/04   11/01   12/03   2002   02/01   2002/02/15

차트 5-16 ▶ 본격적인 상승세 지속   상승추세로 바뀌는 여러 단계를 착실하게 거쳤으니 그 이후로는 완연한 상승세가 상당기간 이어진다.

▌매수 타이밍 설정하기

그러면 이제까지 살핀 여러 가지 단계에서 언제를 매수타이밍으로 잡는 것이 좋을까. 당연히 첫 번째 단계, 즉 주가가 바닥을 만들 때 즉각 매수하는 것이 정답이라고 말할지 모르지만 그렇지 않다. 지나고 보니 그때가 바닥이었지 당시로서는 바닥인지 아닌지 알 도리가 없다. 심지어 바닥을 만들고 상승세로 돌아서는 것 같지만 이내 고꾸라져서 하락세를 이어가는 경우도 태반이다. 주가가 오른다고 무작정 매수할 수도 없는 노릇. 그러므로 실제 거래에서 매수신호를 인식하려면 최소한 바닥을 만들고 꽤 상승한 이후가 되어야 한다.

아무리 빨라야 세 번째 단계, 즉 전환선과 기준선이 서로 호전되어야만 비로소 매수 타이밍으로 잡을 수 있다. 또한 여기서 매수에 나설지라도 처음부터

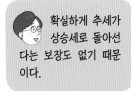
확실하게 추세가 상승세로 돌아선다는 보장도 없기 때문이다.

주식에다 몽땅 집어넣는 소위 '몰빵'식의 매수는 위험하다. 앞으로 만나게 될 저항선이 허다하므로 자칫 추세가 더 진행되지 못하고 어느 순간 고꾸라질 수도 있다.

따라서 기준선과 전환선이 호전될 때를 매수시기로 설정하되, 보유하고 있는 현금을 몽땅 주식에 털어 넣기 보다는 서서히 물량을 늘려 가는 분할매수 방법이 바람직하다. 위험을 분산할 수 있고, 추세가 어느 정도 확인된 연후에 매수하는 방법이므로 추세에 순응한다는 장점도 있다. 일목균형표 원전에도 기준선과 전환선이 호전될 때 '타진매수' 즉 분할매수 방식을 말하고 있다.

그러면 본격적인 매수는 언제 실행해야 할까? 후행스팬이 26일전의 주가를 넘어서고 주가가 구름마저 넘어설 때까지 미루는 것이 원칙이다.

주식에 처음 투자하는 초보자일수록 바닥에 연연한다. 주가가 바닥에 이르렀을 때 짜릿하게 매수하였다가, 주가가 꼭지에 이르렀을 때 통쾌하게 매도하는 꿈을 꾼다. 하지만 불가능한 일이다. 바닥이나 꼭지는 아무도 알 수 없다. 오히려 바닥이나 꼭지가 아니더라도 추세에 순응하는 것이 훨씬 안전하고, 수익률도 높다.

그러므로 상승세의 여섯 번째 단계까지 이른다면 그동안 주가는 바닥에서 꽤 많이 올라온 셈이고, 바닥에서 따지면 까마득히 높은 수준이다. 상승세가 여기서 끝날까? 아니다. 전혀 그렇지 않다. 오히려 지금이 본격적인 상승세의 출발점이다. 그동안 상승세의 앞길을 가로막았던 온갖 저항선, 즉 전환선부터 시작하여 기준선, 선행스팬1, 선행스팬2 그리고 구름에 이르는 것을 모두 극복하였으니 이제 주가의 상승세에는 거칠 것 없다. 한참이나 주가는 더 올라갈 것이다.

▎ 매도 타이밍 설정하기

주가가 한창 상승하는 것은 좋았는데, 그렇다면 이처럼 상승하는 주가는 언제 하락세로 돌아설까? 추세가 상승세에서 하락세로 전환하는 단계는 당연히 상승추세로 접어드는 단계의 역순으로 생각하면 된다.

- 첫 번째, 내리 상승하던 주가가 어디선가 꼭지를 만들고 하락하기 시작한다.
- 두 번째, 하락하는 주가는 지지선으로 작용하였던 전환선과 기준선을 하향 돌파한다.
- 세 번째, 전환선이 하락세로 돌아서면서 기준선과 전환선이 역전된다.
- 네 번째, 기준선이 하락한다.
- 다섯 번째, 후행스팬이 26일전의 주가를 하향돌파하여 역전된다.
- 여섯 번째, 주가가 지지선으로 작용하던 구름을 하향돌파한다.

그러면 언제를 매도타이밍으로 잡는 것이 좋을까. 매수의 경우와 반대로 생각하면 된다. 당연히 첫 번째 단계로 주가가 하락하기 시작할 때는 그게 꼭지인지 아닌지 알 수 없는 노릇. 따라서 최소한 하락세로 접어드는 세 번째 단계, 즉 전환선과 기준선이 서로 역전될 때를 매도타이밍으로 삼아야 한다.

물론 그때도 보유하고 있는 주식을 몽땅 팔아치우는 것은 성급하다. 아직은 추세가 완벽하게 하락세로 돌아선다는 보장이 없기 때문이다. 앞으로 만나게 될 구름이나 후행스팬 같은 지지선이 작용하여 추세가 다시 상승할 수도 있다.

따라서 기준선과 전환선이 역전될 때를 매도시기로 설정하되, 보유하고 있

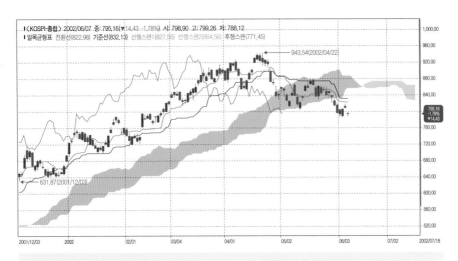

차트 5-17 ▶하락세로 진행되는 다섯 번째 단계 이미 기준선과 전환선이 역전되었고 기준선도 하락세로 바뀌었다. 후행스팬은 26일전의 주가를 하향돌파하여 역전되었으며, 주가도 구름의 지지를 무너뜨리고 구름 아래로 내려섰다.

는 주식을 몽땅 팔기 보다는 서서히 물량을 늘려 가는 분할매도 방법이 바람직하다. 일목균형표 원전에도 기준선과 전환선이 역전될 때 "타진매도" 하라고 가르친다.

　그러면 본격적인 매도는 언제 해야 할까? 후행스팬이 26일전의 주가를 내려서고 주가가 구름마저 넘어 하락할 때이다. 주가가 구름마저 무너뜨리고 하락하면 상승세는 이제 끝난 셈. 여기까지 왔으면 주가는 꼭지에서 꽤 많이 내려왔으니 얼핏 보기에 싸다고 느껴진다. 선뜻 매도하기 내키지 않는다. 게다가 아직까지 보유하고 있는 주식을 팔기 못했다면 진즉 고점에서 팔지 못한 것이 후회스러울 터. 미련이 남아서 매도하지 않고 주저하는 경향이 많다. 초보자일수록 그렇다. 하지만 그동안 주가가 하락할 때마다 버팀목의 역할을 했던 온갖

〈KOSPI-종합〉2002/09/24 종: 672.28(▼7.15 -1.05%) 시: 667.21 고: 677.75 저: 665.95
일목균형표 전환선(702.60) 기준선(710.71) 선행스팬1(706.65) 선행스팬2(731.85) 후행스팬(658.03)

943.54(2002/04/22)

660.94(2002/08/06)

672.28
-1.05%
▼7.15

2002/03/22   05/02   06/03   07/02   08/01   09/02   10/01   2002/10/31

차트 5-18 ▶ 본격적인 하락세 지속　하락추세로 바뀌는 여러 단계를 착실하게 거쳤으니 그 이후로는 완연한 하락세가 상당기간 이어진다.

저항선, 즉 전환선부터 시작하여 기준선, 선행스팬1, 선행스팬2 그리고 구름에 이르는 것이 모두 사라졌는데 더 이상 기댈 곳은 없다. 이제 주가의 하락세는 본격화된다. 한참이나 주가는 더 추락할 것이다.

▌ 구름이 얇은 종목에 주목하라

보면 볼수록 일목균형표에서 구름은 참으로 신비한 존재이다. 단지 선행스팬 1과 선행스팬2로 둘러싸인 공간에 색을 칠하였을 뿐인데도 엄청난 기능을 가지고 있다. 무엇보다도 주가와 구름과의 관계를 한눈에 척 알아볼 수 있게 한다. 주가가 구름 위에 있으면 상승세, 주가가 구름 아래에 있으면 하락세이니 이 얼마나 알아보기 쉬운가! 우리는 구름 아래에 있어서 하락세를 헤매는 종목은 쳐다보지도 말고 오로지 구름 위에 있는 종목, 즉 상승세가 진행 중인 종목 위주로 매매하면 된다. 어렵지 않다.

그런데, 구름은 형태에 따라 가로구름(橫雲)과 세로구름(縱雲)으로 나눌 수 있다. 세로구름은 아래 위 구름의 폭이 두꺼워 세로로 길게 형성된 구름을 뜻하고, 가로구름은 구름의 폭은 얇아서 가로로 길게 옆으로 퍼진 구름을 뜻한다. 구름은 결국 선행스팬1과 선행스팬2로 만들어진 공간에 색을 칠하는 것이므로, 선행스팬1와 선행스팬2의 차이가 구름의 두께를 결정한다. 선행스팬 간의 차이가 크게 나타날 때에는 세로구름, 즉 두께가 두꺼운 구름이 만들어지고, 반대로 선행스팬 간의 차이가 크지 않을 때에는 가로구름, 즉 두께가 얇은 구름이 만들어지는 것이다.

어차피 주식에 투자할 바에야 누구나 이왕이면 수익률이 높기를 바란다. 인지상정이다. 하지만 종목을 고를 때 대체 이 종목이 큰 폭으로 오를지 어떨지 가늠하기 어렵다. 그런데 일목균형표의 구름을 살피면 향후 이 종목이 큰 폭으로 오를만한 종목인지 여부를 판단할 수 있다.

궁금할 터이니 결론부터 먼저 밝힌다. 가로구름에 비밀이 숨어있다. 가로로 옆으로 길게 구름이 형성된 종목일수록 급등할 공산이 높다.

구체적으로 말한다면 급등의 조건은 다음과 같다.

> (1) 주가가 가로구름 위로 막 올라 선다. 구름 아래에 있다가 구름 위로 올라 섰으니 이제부터는 큰 흐름으로 상승세가 본격 출발했다고 간주된다.

(2) 하지만 주가가 구름 위로 올라설 때 본격적으로 상승하기 앞서 구름의 지지를 확인하기 위하여 종종 구름 언저리로 하락하는 경향이 있다. 이를 '되돌림(pull back)'이라고 부른다.

(3) 만일 주가가 얇은 가로구름의 지지를 받지 못하고 구름 아래로 내려가 버리면 아무것도 아니다. 폭등은 커녕 추세가 다시 하락세로 돌아선 것이므로 즉각 매도하고 그 종목에서 손을 떼야 한다.

(4) 하지만 주가가 얇은 가로구름의 지지를 받고 반등한다면 향후 급등세가 나타날 확률이 매우 높다. 이런 종목을 골라야 한다.

그렇다면 왜 이런 일이 벌어질까? 이유를 알아보자.

첫째로, 알다시피 구름은 지지선이나 저항선으로 작용한다. 그런데, 구름의 두께가 얇다는 것은 그만큼 지지력이 강력하지 못하다는 것을 뜻한다. 따라서 주가가 구름 언저리로 하락하였을 때, 지지력이 강하지 못하니 얇은 구름을 하향 돌파하여 구름 아래로 내려가기 일쑤이다. 당연한 일이므로 이상하지도 않다. 그런데 지지선으로서의 힘이 미약한 가로구름을 무너뜨리지 못할 정도라면 이야기는 달라진다. 그만큼 매수세가 강력하고 매도세가 강력하지 않다는 것을 뜻한다. 약한 지지선조차 위력을 발휘한다면 이 종목을 향한 관심이 얼마나 뜨거운지 알 수 있다. 매수세가 집결한 이후 주가가 큰 폭으로 오르는 것은 당연하다고 해석된다.

둘째로, 두께가 얇은 가로구름이 만들어졌다는 것은 선행스팬1과 선행스팬2의 차이가 별로 나지 않는다는 의미이다. 선행스팬1은 기준선(26일간의 최고, 최저의 중간값)과 전환선(9일간의 최고, 최저의 중간값)의 중간값이며, 선행스팬2는 52일간의 최고, 최저치의 중간값이다. 그런데 이렇게 산출되는 선행스팬1과 선행스팬2의 차이가 얼마 나지 않는다는 것은 그만큼 그동안의 주가 움직임이 크지 않았다는 것을 뜻한다. 주가가 오랜 기간 횡보를 거듭하였으니 그

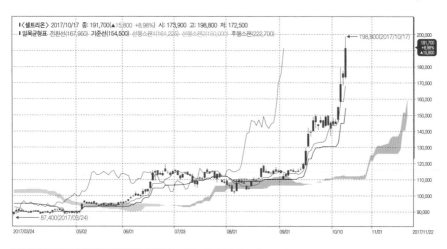

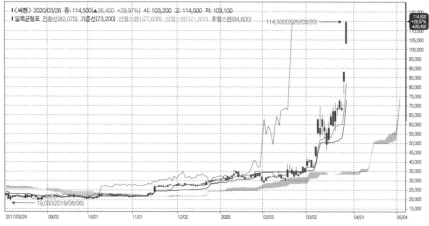

기간 동안의 최고, 최저치의 중간값을 산출해보았자 서로 별 차이가 없었던 것이다. 그런데 주식시장의 주가는 내내 횡보하지만은 않는다. 다른 종목이 상승할 때 이 종목은 오랜 기간 횡보하였다면 상대적으로 이 종목의 주가는 저평가된 것이 분명하다. 싼 종목을 노리는 매수세가 분명히 들어올 것이다. 횡보한 종목일수록 어느 정도 시간이 흐르면 그동안 부진했던 것을 만회하기 위해 급등하는 것은 놀라운 일이 아니다.

셋째로, 일목균형표가 아닌 다른 기술적지표로도 설명할 수 있다. 앞서 우리는 볼린저 밴드에서 밴드의 폭이 좁혀질 경우 조만간 큰 폭의 주가 움직임이 예상된다는 것을 배운 바 있다. 밴드의 폭이 왜 좁아지는가? 주가의 움직임이 그동안 크지 않았기 때문이다. 일목균형표에서는 주가의 움직임이 크지 않을 때 구름의 두께가 얇은 가로구름이 나타난다. 똑같지 않은가!

 1분 | 질 | 문

일목균형표의 구름이 얇게 나타난다는 것은 무엇을 의미하는가?
지지선 혹은 저항선으로서 구름의 강도가 약하다.

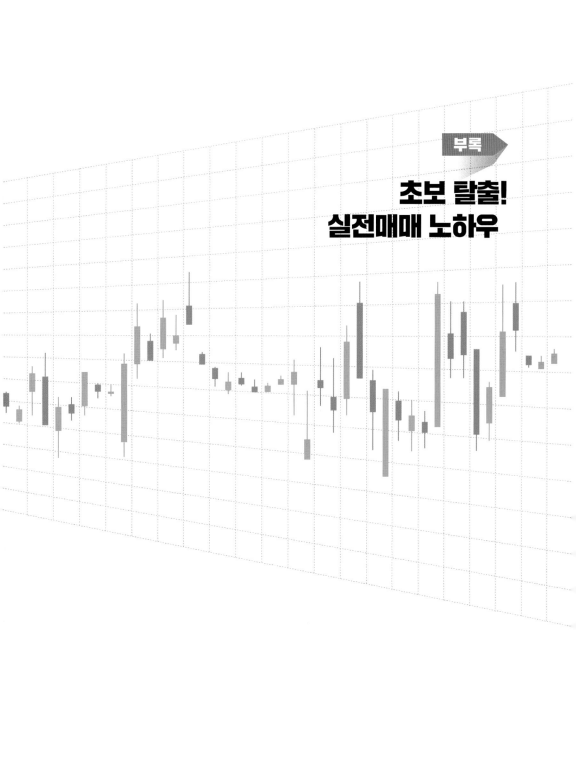

부록

초보 탈출!
실전매매 노하우

종목 선정의
기본원칙

❶ 오르는 주식이 더 오른다

주식투자는 근본적으로 주식을 싼 값에 사서, 비싸게 팔아(Buy Low Sell High)
수익을 얻는 게임이다. 매수가격보다 매도가격이 높아야 수익이 생기는 건 당
연한 이치다. 그러므로 매수가격이 낮을수록 나중에 매도할 때 유리한 것도 누
구나 아는 사실이겠다.

사정이 이렇다 보니 투자자 중에는 무조건 저렴한 주식을 찾는 사람이
많다. 특히 초보투자자일수록 그런 경향이 강하여 주당 1,000원 이하 혹은
500원 이하의 '저렴한' 주식을 고르려고 노력한다. 그러나 아무리 매수한 가
격이 낮더라도 매도할 때 주가가 올라 있지 않으면 아무 소용이 없다. 그러므
로 매수가격이 낮아야 하는 것도 물론 중요하지만, 그보다 더욱 중요한 것은
과연 내가 사들일 종목의 주가가 나중에 오를 것인지 여부를 판단하는 것이다.

물론 주가가 오를지 여부를 판단하기란 쉬운 일이 아니다. 하지만, 한 가지

비책이 있다. 앞에서 배운 것처럼 추세를 살피는 것이다. 상승세에 있는 종목일수록 당연히 상승세를 좀 더 이어갈 확률이 높다. 시장의 관심이 뜨거워 거래량이 크게 늘어나는 종목도 유망하다. 무턱대고 주가가 낮은 주식을 고르기보다는 상승세를 진행하고 있는 종목, 즉 오르고 있는 주식을 골라야 한다.

싸게 사는 것이 능사가 아니다. 비싸게 매수하더라도 더욱 비싸게 매도하면 (Buy High Sell Higher) 수익이 난다. 주가가 싼 부실 저가주에 집착하거나 오랫동안 하락세에서 벗어나지 못하고 있는 종목을 기웃거린다면 자칫 싸게 매수하더라도 더 싸게 매도하는(Buy Low Sell Lower) 결과가 될 수 있다. 그래서는 승산이 없다.

② 잘 버티는 종목이 강하다

어떤 종목이거나 주가가 어느 정도 오른 후에는 반드시 조정을 받게 마련이다. 또한 주식시장이 전체적으로 하락하는 일이 생기면 아무래도 거의 모든 종목이 하락 압력을 받을 수밖에 없다. 이처럼 주가가 하락하여 싸 보이면 어떤 종목을 골라야 할까? 여기에도 원칙이 필요한데, 역시 주가가 무조건 낮은 종목이 아니라 앞으로 오를 가능성이 높은 종목을 골라야 한다. 특히 조정 압력에 잘 버티는 종목일수록 향후에 상승할 확률이 높다.

종목 자체의 문제이든 또는 시장 전체적인 문제이든 간에 주가가 하락하고 조정을 받을 때, 대부분의 투자자들은 매수할 기회를 엿본다. 이때 투자자들의 관심이 높고 매수세가 강한 종목일수록 주가가 조금이라도 내리면 금세 매수세가 몰린다. 따라서 향후 상승할 가능성이 높은 종목일수록 조정기에도 주가가 잘 내리지 않는다. 이런 종목을 골라야 한다. 이처럼 조정 시기에도 잘 버티는 종목일수록 나중에 크게 오를 확률이 높다.

❸ 차트의 모양이 좋아야 주가도 상승한다

미남, 미녀가 곁을 지나가면 대부분 사람들의 고개가 저절로 돌아가기 마련이다. 인간은 많은 정보를 눈을 통해서 받아들이므로 외형이 어떤지는 생각보다 훨씬 중요한 덕목이다. 주식 역시 모양새가 중요하다. 차트에서는 주가가 형성해 가는 모양을 패턴이라고 말하는데, 패턴이 좋아야 나중에 주가가 크게 오를 수 있다.

그렇다면 어떤 패턴이 '좋은 모양'일까? 주가가 상승하기 좋은 차트 모양이라면 무엇보다도 아래에 튼튼한 지지선이 형성되는 것을 뜻한다. 주가가 어느 특정한 수준, 즉 지지선 이하로는 하락하지 않는다는 것은 막강한 매수세가 버티고 있음을 뜻한다. 당연히 이런 종목은 주가가 상승할 수밖에 없다.

일반적으로 기술적 분석에서는 이중바닥(double bottom), 삼중바닥(tripple bottom)을 상당히 좋은 패턴으로 간주한다. 이름에서 알 수 있듯이 이중바닥은 저점에서 두 차례나 반등을 거듭하는 형태이고, 삼중바닥은 저점에서 세 차례나 반등을 거듭하는 형태이므로 지지선이 매우 강력하다는 것을 알 수 있다.

❹ 천천히 오르는 주가가 오래 간다

주가가 급하게 오르는 것이 좋아 보일지도 모르나, 절대 그렇지 않다. 주가가 급등할 경우 선뜻 매수할 타이밍을 잡기도 어렵고, 설령 그 주식을 운 좋게 매수했다고 할지라도 매도 타이밍을 잡기 또한 매우 어렵다. 주가가 급등하고 있는데 섣불리 팔자니 아깝고, 그렇다고 보유하고 있자니 불안하고……. 이러지도 저러지도 못하는 사이에 주가가 빠르게 급등했다가 재빨리 급락하면 그동안 벌었던 수익은 죄다 허공으로 날아가는 사태가 되고 만다.

상승추세일 때, 추세선의 각도도 중요하다. 얼마나 급격하게 상승하는지 여부를 각도로 파악할 수 있기 때문이다. 추세선의 각도가 너무 완만해도 문제가 있겠지만, 그렇다고 각도가 너무 가파른 것도 좋지 않다. 45도의 추세선이 가장 안정적인 것처럼 꾸준히 그리고 천천히 오르는 종목일수록 추세도 강하고 오래 간다.

❺ 적당히 쉬어야 다시 간다

주가는 상승과 조정을 거듭하며 움직인다. 이때 상승폭보다 조정폭이 큰 종목은 추세가 아예 하락세로 접어든 것이며, 반대로 조정폭에 비해 상승폭이 큰 종목은 추세가 상승세를 이어가고 있는 상황으로 간주해야 한다.

주가가 좀 더 상승할 수 있는지의 여부는 매도 세력이 있느냐 없느냐에 달려 있는 것이 아니라, 매도 세력의 저항을 이겨낼 수 있느냐 없느냐에 달려 있다. 따라서 향후 상승할 종목을 고르려면 매도 세력의 저항을 견딜 수 있는 것이어야 한다. 주식투자는 마라톤과 같다. 42.195km 전 구간을 단거리 경주처럼 전력으로 질주할 수 있는 마라토너는 존재하지 않는다. 주식도 같다. 적당히 조정을 받은 종목이 오히려 강한 법. 그런 종목일수록 상승세가 오래 간다.

⑥ 시가가 강한 종목은 매수세력이 강하다

하루가 시작되는 아침에는 어떤 투자자이든 간에 그날의 주가 움직임에 기대감을 갖기 마련이다. 그래서 주식시장이 개장되기 전부터 매수주문을 넣는다. 그러므로 아침의 시가가 강할수록 매수 세력이 강하다는 의미로 간주해야 한다. 물론 경우에 따라서는 주식이 장중에 거래되면서 매도 세력이 나타난 탓에 주가가 시가보다 낮아질 수도 있다. 그러나 확률로 따진다면 시가가 강할수록 매도 세력의 압력에 버틸 가능성도 그만큼 크다.

따라서 만일 시가에 매수하지 않고 장중에 매수 타이밍을 노린다면 당연히 시가가 강하게 출발한 종목을 골라야 할 것이다.

⑦ 호재 속에 하락하면 반등이 나타난다

주가에 유리한 정보나 뉴스는 호재, 반대로 주가에 불리한 정보나 뉴스는 악재라고 말한다. 이때 호재가 나타나면 주가는 당연히 오르는 것이 정상이다. 그런데 호재가 나타났음에도 불구하고 주가가 하락하는 일도 종종 벌어진다. 그런 현상이 나타나는 이유는 이미 호재가 상당 부분 알려져서 주가에 사전 반영되었거나 또는 잠깐동안 수급의 불균형이 나타났기 때문이다.

호재가 나타났는데도 주가가 하락한다면 정상이 아니다. 일시적인 현상일 공산이 높으니 나중에 반등 기회를 노리는 것이 좋다. 다만 호재가 나타났다고 무작정 매수하는 것은 삼가야 한다. 왜 호재에도 불구하고 주가가 하락하였는지 원인을 먼저 규명해야 한다. 사전에 호재가 알려졌는지, 호재가 주가의 미래를 근본적으로 바꿀 수 있는지, 수급이 일시적으로 불균형이었는지 등을 면밀히 검토할 필요가 있다.

기술적 분석으로 급등주를 찾는 비법

❶ 한 곳으로 모인 이동평균선을 돌파하면 크게 오른다

이동평균선은 기술적 분석에서 가장 기본적으로 다루는 기법인 데다 이해하기 쉽다는 이유로 사람들은 종종 이를 무시하는 경향이 있다. 그러나 이동평균선의 움직임을 살피는 것만으로도 주가의 급등여부를 어렵지 않게 판별할 수 있다.

이동평균선은 과거의 주가 움직임을 평균한 것이다. 시장에서 물건을 사고 팔 때 가격을 흥정하듯 주식시장에서 투자자들은 주가를 기준으로 기업의 가치를 거래한다. 그리고 매수자와 매도자의 의견이 일치하는 특정 가격에 이르면 거래가 된다. 어떤 사람은 그 가격에 주식을 사고, 반대편 사람은 주식을 판다. 그러므로 주가의 평균인 이동평균선은 주식시장에 참여한 사람들이 거래한 가격의 평균이다. 5일 이동평균선은 과거 5일 동안 투자자들이 거래한 주가의 평균이고, 20일 이동평균선은 과거 20일 동안 거래한 주가의 평균이다.

259

마찬가지로 60일 이동평균선이나 120일 이동평균선도 각각 같은 의미를 가진다.

그런데 이러한 이동평균선이 모두 한 곳으로 모이는 경우가 있다. 이동평균선이 한 곳으로 모인다는 것은 과거 5일, 20일, 60일 혹은 120일간 투자자들이 해당 종목을 거래한 가격의 평균이 거의 비슷해지고 있다는 의미이다. 옛날에 주식을 산 투자자들의 매입가격이나, 현재 투자자들의 매입가격이 비슷하다는 것은 주가가 더 이상 하락하지 않고 지지선을 만들어간다는 뜻. 결국 주가는 저점을 만들어가고 있는 셈이며 어느 순간에 이르면 크게 오른다.

다음의 차트는 이동평균선이 수렴할 때마다 주가가 급등했던 사례를 잘 보여주고 있다. 다만 여기서 주의할 것은 이동평균선이 수렴하는 것은 지지선을

차트 6-1 ▶ 이동평균선이 수렴하면 급등한다   2017년2월에 이르러 이동평균선이 한 곳으로 수렴하였고, 주가가 이동평균선을 상향돌파하면서 이후 급등세를 나타내었다.

만들어가는 과정인 만큼 주가가 급등할 가능성이 매우 높지만, 자칫 지지선을 무너뜨리기라도 한다면 오히려 하락폭이 커질 수도 있다는 사실이다.

정확하게 말한다면 이동평균선이 한 곳으로 모인다고 무조건 주가가 급등하는 것은 아니다. 주가가 집결된 이동평균선을 돌파하여 오르는 모습을 보여야 한다. 이 두 가지 조건이 충족되면 급등세를 나타낼 확률이 매우 높아진다.

❷ 이중바닥을 만들며 저점을 다질 때 주목하라

주가는 매수세와 매도세 간의 공방에 의해 움직인다. 매수세가 강력하면 주가는 오르고, 매도세가 강력하면 주가는 하락한다. 또 주가는 계속해서 상승하거나 하락하지 않고 중간에 쉬어가거나 반등을 모색하면서 추세를 형성한다. 설령 주가가 하락추세를 보이더라도 맥없이 무너지는 것이 아니라 중간 중간에 저점을 찍고나서 반등을 모색한다는 뜻이다. 이러한 반등세가 나타나는 것은 주가가 하락하면서 나름대로 가격 메리트가 있다고 생각하는 투자자들이 매수하기 때문이다.

반면에 주가가 조금 반등하더라도 이내 매도세에 밀려 직전의 저점이 무너질 때에는 그만큼 매도 세력이 강력하다는 뜻이며, 이런 경우 하락추세는 계속 이어질 수밖에 없다. 이중바닥이란 저점이 만들어지고 반등했다가 다시 하락했으나, 두 번째 저점이 직전 저점을 무너뜨리지 않는 것을 말한다. 이는 저점에서의 매수세가 완강하여 매도세의 매물 압력에도 불구하고 더 이상 주가가

차트 6-2 ▶ 이중바닥, 삼중바닥을 만들 정도이면 급등한다 만도는 4만 4천 원 ~ 4만 5천 원의 지지선이 서, 너차례 유지되면서 이중바닥의 정도가 아니라 삼중바닥 혹은 사중바닥으로 지칭될만큼 아래쪽 지지선이 튼튼하였다. 결국 크게 올랐다.

하락하는 것을 허용하지 않았다는 뜻이다.

이중바닥을 만들 정도로 지지선을 형성하는 매수세력이 막강하다면 주가가 오르지 않는 것이 되레 이상하지 않겠는가?

❸ 볼린저 밴드의 폭이 좁아지면 추세 변화를 예고한다

볼린저 밴드는 20일 이동평균선을 중심으로 표준편차의 두 배를 뺀 아래쪽 밴드와 표준편차의 두 배를 더한 위쪽 밴드로 이루어진다. 표준편차란 평균값 주위에 주가가 얼마나 조밀하게 몰려 있는지를 나타내는 수치이다. 표준편차가 크다는 것은 그동안 주가의 변동폭이 크다는 뜻으로 주가가 아래, 위로 많이

차트 6-3 ▶ 볼린저 밴드의 폭이 좁으면 유의한다   삼성카드의 차트인데, 볼린저 밴드의 폭이 좁혀진 이후 주가가 급등하였던 것을 확인할 수 있다. 그런데 차트에는 급등뿐 아니라 볼린저 밴드의 폭이 좁아지고 이후 주가가 크게 하락한 사례도 찾을 수 있다. 볼린저 밴드의 폭이 좁으면 유의해야 한다.

움직였다는 의미이다. 반대로 표준편차가 작다는 것은 주가의 변동폭이 크지 않아 주가가 아래 위로 많이 움직이지 않았다는 것을 뜻한다.

주가는 크게 오르기도 하고 내리기도 하며, 때로는 횡보하면서 거의 움직이지 않을 때도 있다. 그리고 주가가 횡보한다면 표준편차가 작아지므로 볼린저 밴드의 폭이 좁아진다. 그런데 주가는 중간에 잠시 쉴 수는 있지만, 언제까지 가만히 머물러 있지는 않다. 무엇보다 투자자들이 그런 상황을 내버려두지 않기 때문이다. 다른 주식은 다 오르는데, 특정 주식만 시장의 주목을 받지 못했다고 가정해 보자. 이런 경우 해당 종목의 주가는 거래량이 부족해 별로 움직이지 않고, 한동안 횡보할 것이다.

그렇게 어느 정도 시간이 지나면 많이 오른 다른 종목의 주가에 비해 그동안 오르지 못한 그 종목의 주가는 상대적으로 쌀 수밖에 없다. 그러면 주가가 싸다는 이유만으로 그 종목은 시장의 주목을 받는 것이다. 결국 그동안 소외당한 것을 벌충하기 위해서라도 주가는 급등할 확률이 높아진다.

그러므로 볼린저 밴드의 폭이 좁을 때를 주목해야 한다. 볼린저 밴드의 폭이 좁다는 것은 그동안 횡보하던 주가가 크게 움직일 때가 멀지 않았다는 신호로 해석된다. 다만 하락세의 와중에 주가가 잠시 쉴 때에도 볼린저 밴드의 폭이 좁아진다. 단순히 볼린저 밴드의 폭이 좁다고 주가가 무조건 급등하는 것은 아니다. 이 경우에는 주가가 다시 크게 하락하므로 조심해야 할 것이다.

❹ 횡보 후 박스권을 돌파하는 종목을 찾아라

주가가 횡보하는 데에는 여러 가지 이유가 있다. 회사 내부의 문제일 수 있고, 그 종목이 속한 산업의 업황이 전체적으로 좋지 않을 수도 있다. 혹은 주가의 절대적인 수준이 너무 높다거나 유통 물량이 너무 적다거나 하는 등의 이유로 주가가 지루하게 횡보하는 경우도 있다.

주가가 횡보한다면 이것을 두 가지 측면으로 해석할 수 있다.

첫째, 주식시장에 참여하고 있는 투자자들의 관심을 받지 못하고 소외된 상황으로 해석된다. 좀 심하게 말한다면 이 종목은 시장에서 '왕따'를 당하고 있는 형편이다.

둘째, 투자자의 외면으로 주가가 오르지도 못하지만 그렇다고 내리지도 않으니 횡보하는 것이다. 현 수준에서 주가가 더 하락할 가능성은 낮다고 해석된다. 그러므로 횡보를 거듭하던 주가가 어느 날 상승하기 시작하고 거래량이 크게 늘어난다면 주목해야 한다. 일반적으로 이럴 때 주가가 크게 오르는 경우가 많다. 주식시장의 관심 밖에 있던 종목이었으니 주가는 좁은 박스권에서 오락가락하였고 거래량도 늘지 않았던 터. 그런데 주가가 박스권을 돌파하면서 거래량이 크게 증가했다는 것은 그 이전만 하더라도 이 종목을 거들떠보지도 않던 시장의 관심이 집중되고 있다는 의미이다. 더구나 주가는 더 이상 하락할 수 없을 정도의 바닥권에 머물러 있으므로 남은 일은 주가가 오르는 일밖에 없다.

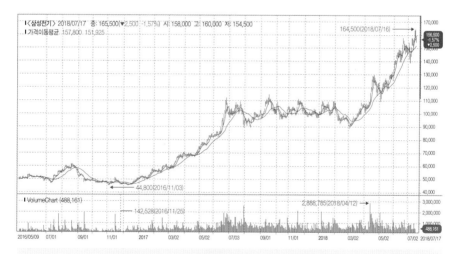

차트 6-4 ▶ 횡보하다가 박스권 돌파하면 급등한다　삼성전기는 9만 원 ~ 11만 원의 좁은 횡보 양상을 6개월 정도 지속하였다. 이후 박스권의 상단인 11만 원의 저항을 벗어나자 결국 크게 상승하였다. 박스권을 돌파할 때 거래량이 크게 늘어나는 것도 확인된다.

'거래량은 주가의 그림자'라고 말한다. 거래량이 증가하면 주가는 오른다. 특히 횡보하던 종목의 거래량이 급증하면서 주가가 박스권 상단의 저항선을 돌파하면 주가는 크게 오르는 일이 많다.

⑤ V자형 급반전 패턴을 포착하면 큰 수익을 얻는다

차트의 여러 가지 패턴 중에는 V자형이라는 반전형이 있다. 'V'모양이 암시하듯 주가가 급락하다가 어느 시점에서 다시 급격하게 상승하는 패턴이다. 만일 주가가 V자 패턴으로 하락할 때 저점에서 매수한다면 이후 주가가 급등할 때 큰 수익을 얻는다. 그러나 이는 이론에 불과할 뿐 실제 거래에서 V자형 패턴을 정확하게 인식하기는 매우 어렵다.

V자형 반전에서는 주가가 급하게 하락했다가 어느 순간 갑자기 급등하므로 잠시 한눈을 파는 사이에 주가 흐름을 놓칠 수 있다. 증시 격언에 '떨어지는 칼날을 붙잡지 말라'는 얘기가 있다. 투매에 가까울 정도로 주가가 폭락할 때 V자형이 될 것이라는 기대로 성급히 매수했다가는 오히려 큰 손해를 볼 위험이 크다. 그러나 위험이 크다고 마냥 구경만 하고 있다면 큰 수익을 올릴 기회를 놓쳐버리기 십상. 어떻게 하면 V자형 패턴을 빨리 찾아낼 수 있을까?

V자형 패턴을 인식하는 요령에 대해 살펴보자.

첫째, 거래량에 주목한다. 차트에서 보는 것처럼 주가는 급락할 때 거래량이

| 〈영원무역〉 2020/06/03 종: 33,900 (▼750 -2.16%) 시: 34,650 고: 35,650 저: 33,800 |
| 가격이동평균 32,260 28,360 |

37,500(2018/10/22)

16,290(2020/03/19)

656,103(2020/05/25)

VolumeChart (103,708)

39,635(2019/10/28)

103,708

2019/10/11   11/01   12/02   2020   02/03   03/02   04/01   05/04   06/01

차트 6-5 ▶ V자 패턴에는 거래량이 관건이다 영원무역의 주가는 가파른 하락추세에서 급격하게 반등하는 데에 성공하였다. 역시 관건은 거래량이다. 주가가 하락하는 과정에서 거래량은 되레 증가하였으므로 시장의 관심이 꾸준하였다는 것을 보여준다.

크게 늘었지만 이후 급등세에서의 거래량은 급락할 때보다 더욱 늘었다. 주가가 급락할 때는 매도세가 몰리면서 거래량이 늘어난 것이지만, 이후 반등할 때의 매수세는 더욱 강력하다는 사실을 알 수 있다. 주가가 급등한 것은 당연한 일.

둘째, 주가가 V자형 패턴을 형성한 이후 잠시 조정을 받는 때를 노리면 효과적이다. 사실 주가가 V자 모양으로 급반등을 한 이후 연속으로 상승하기는 어렵다. 마치 100미터를 전력질주한 단거리 선수가 잠시 숨을 몰아쉬듯 주가 역시 급등한 후에는 잠시 조정을 받기 마련이다. 바로 이때가 매수의 기회가 된다. 그러고 나서 주가가 다시 상승세를 시작하여 급락하기 직전의 고점을 넘어선다면 안정권에 들어온 것이다.